幸せなお金持ちになるための
日経225先物
必勝トレード術

売買譜
初公開!

ついてる仙人●著

アールズ出版

はじめに

　突然ですが、あなたは「毒キノコ」を食べたことがありますか？
　この本を手にしているあなたは食べたことはないでしょう。この世の中の人で毒キノコを食べたことがある人はほとんどいないと思います。
　なぜ、こんな話からするのかというと、この本は「毒キノコ」と同じなのかもしれないからです。
　毒キノコは食べたら体がおかしくなりますよね。最悪の場合、死に至ります。
　人間は体の中に栄養物としての食料を取り入れるときに無意識に考えます。
「これは毒なのかどうか？」
「これは食べても大丈夫なものなのかどうか？」
「これは栄養になるものなのか、栄養にはならないものなのか？」
「これは体にとって良いものなのだろうか、悪いものなのだろうか？」
　こんなことを無意識に考えているのですね。
　でも、これは当然の話なんです。
　だって、これを無意識に考えていなければ人間は生きていくことができないのですから。
　つまり、口から入れるものに対しては、用心して食べているのですね。
　今、こうして生きている私たちの観念や思想というものがどうやって出来上がったのかを考えてみると、自分の外側から入ってきているということがわかります。
　目から入るもの、耳から入るもの、そして触ったときに入るものなど自分の持つ感覚器官を通じていつの間にか知らないうちに入ってきた情報が元になっているのですね。
　これも当然の話。
　自分の持つ五感から受け入れたということは自分では意識していないということなのです。

でも、その受け入れたものが現在の自分の観念や思想をつくっているのです。このことは間違いのない事実なのですね。
　でも、このことを意識している人はとても少ないような気がします。
　私たちが生きている間に私たちが目にするもの、聞くもの、その他の感覚から入るものすべてが私たちの心に対しても何らかの影響を与えているってことなんですね。
　本の情報は目から入りますよね。だから本の内容というのは心に対する栄養物なのです。
　食べ物には食べても大丈夫なものと食べてはいけないものがあります。情報にも入っても大丈夫なものと、入れてはいけないものがあるのです。それなのに、良いものでも悪いものでも何でもかんでも取り入れちゃってる人が多いんじゃないかなと思っています。
　外から入ってくる情報にも食べ物と同じように悪いものは受け入れないっていう気持ちをもって、良いものだけを受け入れて生きていると心の栄養がいっぱいになりますよね。
　だから、自分自身でこの本に書いてあることが本当に良いものなのか、悪いものなのかを判断してほしいのです。
　そして良いものだと思えば受け入れてほしいし、悪いものだと思えば読んだことを忘れてほしいのです。
　そうすることによって、必ずあなたの心の栄養はいっぱいになりますよ。

　楽しみながらこの本を読んでいただけると嬉しく思います。
　そして読み終えた時にこの本が少しでもあなたの心の栄養になっていれば最高に嬉しいです。

　2013年2月

著者

はじめに……003

トレンドの確認方法
～相場の原理原則はトレンドに逆らわないこと～

① **本気で学ぼう**……014
   ◎自立できるまでには長い年月がかかる
   ◎基本が何よりも大事

② **チャートを見る順番**……018
   ◎一番重要なのはローソク足
   ◎二番目に重要なのは移動平均線
   ◎三番目に重要なテクニカル指標

③ **相場の原理原則とは**……023
   ◎相場の原理原則に基づいた売買の流れ
   ◎トレンドを判断するためのルール
   ◎高値と安値を決めるルール
   ◎ボトムの確定の仕方
   ◎ピークの確定の仕方

④ **株価の高値安値を使ってトレンドを判断する方法**……029
   ◎上昇トレンド、下降トレンドの定義

⑤ **移動平均線を使ってトレンドを判断する方法**……032
   ◎移動平均線を使ったトレンド判断の基準

⑥ オシレータを使ってトレンドを判断する方法……………035
　◎ストキャスティクスを使ったトレンド判断の方法
　◎上昇トレンドの定義
　◎下降トレンドの定義
　◎トレンドレスの定義

⑦ トレンドの確認とエントリーは違う……………045
　◎エントリー時にトレンドの確認をしてはいけない

⑧ 騙しの少ないテクニカル"収斂と拡散"……………047
　◎しっかりと収斂すると、次の拡散の動きは大きくなる
　◎デイトレードに役立てる方法

⑨ 相場における基本概念"支持と抵抗"……………050
　◎支持線や抵抗線が生まれる理由
　◎支持抵抗は、なぜ重要なのか

第2章 調整の確認方法
〜調整を待つと損失が少なくなる〜

① 睡眠不足や体調不良で相場に臨むな……………056
　◎トレードにおいて集中力低下は致命傷

② 収益化できる場面を待つ……………057
　◎待つは仁
　◎エントリーしない勇気を持つ

③ わからないときは待つ……………060
　◎相場は、やればやるほどお金になるというものではない

④ **得意なパターンを待つ**……………062
　◎相場に100%はない
　◎過去の検証が必要な理由
　◎暇な時間帯は読書タイム

⑤ **調整には、時間の調整と価格の調整がある**……………066
　◎調整が入る理由
　◎価格の調整の後は時間の調整になりやすい

⑥ **無駄打ちを減らす**……………070
　◎無駄打ちとは
　◎エントリーしないで2週間以上過ごしてみる

第3章

エントリータイミングの基本と応用
～期待値が高いポイントを見極める～

① **曖昧な理由でエントリー、利食いしていないか**……………074
　◎前提条件をしっかり決める

② **エントリーは宝探しゲーム**……………076
　◎なぜ、エントリーが遅れるのか
　◎安心感を求めてはいけない

③ **エントリータイミングはここだ！**……………079
　◎6つのエントリータイミング
　◎エントリータイミングを使い分ける

④ **期待値が高いポイントでエントリーする**……………083
　◎期待値が高い地点の見分け方

◎値幅を狙える動きのパターン

⑤ **有利な場面だけ参加する**……………086
　　　◎長い時間軸のトレンドに沿った売買を行う
　　　◎最大の材料は値動き
　　　◎確率的に利益になる可能性の高い場面だけ参加する

⑥ **エントリー枚数はこうやって決める**……………091
　　　◎2万4000円と24万円とでは、どちらがロスカットしやすい？
　　　◎リスク管理をできるのは自分だけ

⑦ **成功者は成り行き派か指値派か？**……………094
　　　◎どちらにもデメリットがあるが…
　　　◎指値注文で約定するタイミングを身につける

分割売買活用術
～ストレスをためずに大きな利益を狙うために～

① **分割売買がなぜ、有効か**……………100
　　　◎最大のメリットは、メンタルに与える影響
　　　◎損小利大を可能にする

② **建玉の保有時間ルールを決める**……………104
　　　◎メインに使う時間軸をもとに設定する

③ **玉操作が重要、テクニカルはいい加減**……………106
　　　◎玉操作が必要な理由
　　　◎ターゲット・イグジットという手法もあるが…

④ ファールで逃げる技術を身につける………109
　◎小さな損失は大きな利益の源

⑤ 分割売買でも利益目標を決める………111
　◎"複利"を活用する

⑥ 利益よりもロスカットを先に考えて仕掛けをする………115
　◎エントリーする前に最大損失のことを考える

⑦ 小幅な利益狙いが、マイナスへの迷路を生む………117
　◎小幅な利食いと小幅な損切りは簡単？
　◎チャンスはゴロゴロ転がっているわけではない

⑧ 利益を積み上げるためのストップの種類………120
　◎価格のストップ
　◎パーセントストップ
　◎マネーマネージメントストップ
　◎ディザスターストップ
　◎テクニカルストップ
　◎タイムストップ
　◎トレイリングストップ

⑨ 利食いは難しい………129
　◎感情で利食いしてはいけない

⑩ リスクをとることの重要性………131
　◎確認のしすぎが生むデメリット
　◎リスクをとるの本当の意味

⑪ 分割売買の利点を体感する………134
　◎最大のメリットは、負けのない状態をつくることができること
　◎分割売買計算表ファイルを活用しよう

⑫ マネーマネージメントを行おう………142
　◎トレードをする上で絶対になくてはならないものとは
　◎リスクとリターンが同じ比率でエントリーすべきではない

⑬ マネーマネージメントを習得するほうが、技術を磨くよりも大事………146
　◎ギャンブルではなく、資産運用とするために
　◎破産の道と資産運用への道の分岐点

第5章 シナリオ売買実践法
～パニックに陥らないために～

① **シナリオを考えよう**……………152
- ◎思惑とは反対の方向に動いたときのことを考えておく
- ◎トレードプランの立て方
- ◎チェックリストを作成しよう

② **シナリオと違う動きになった場合**……………157
- ◎最初はイライラするのは当たり前
- ◎シナリオが崩れたらエントリーしない

第6章 初公開！日経225先物 売買譜
～私はこんなトレードを行っている～

① **実践ストレスフリートレード**……………162
- ◎2012年11月2日ナイトセッションの取引
- ◎2012年11月5日日中の取引
- ◎2012年11月5日ナイトセッションの取引
- ◎2012年11月6日日中の取引
- ◎2012年11月6日ナイトセッションの取引

◎2012年11月7日日中の取引
◎2012年11月7日ナイトセッションの取引
◎2012年11月8日日中の取引
◎2012年11月8日ナイトセッションの取引
◎2012年11月9日日中の取引

相場の世界で生き残っていくために

① **確証バイアスに要注意**……………220
　◎確証バイアスとは

② **大数の法則**……………222
　◎必勝法のカラクリ
　◎大数の法則とは
　◎ギャンブルでより確実に負ける方法

③ **トレードで生き残るには**……………226
　◎相場日誌は必要不可欠
　◎相場日誌に記載する項目

④ **miniとラージ、どっちのチャートを見るの?**……………229
　◎売買はmini、チャートはラージの理由
　◎miniで売買するメリット、デメリット

⑤ **ナイトセッションへの対応**……………231
　◎ナイトセッション延長により、分析しやすいチャートに
　◎どちらの支持抵抗を見ればいいのか

⑥ **なぜデイトレードなのか**……………234
　◎実力があれば勝ち続けることができる

第8章
幸せなお金持ちになるために

① **情報量と人間の判断力との関係について**……………238
　◎情報が多すぎると、人間の思考回路は上手く働かなくなる
　◎数えるほどの基準があればいい

② **「損切り＝負け」の固定観念を捨てる**……………243
　◎勝率は高いけれどトータルではマイナス？
　◎大切なのは正しい売買を100%行うこと

③ **仕事は誰のためにするのか？**……………247
　◎大切な人のために相場を楽しむ

④ **楽しくなければ仕事ではない**……………249
　◎どんな仕事でも楽しくなる方法

⑤ **すべては今始まる。そして運が始まる**……………251
　◎「終わり」はすべて「始まり」

トレンドの確認方法

～相場の原理原則はトレンドに逆らわないこと～

① 本気で学ぼう

◎自立できるまでには長い年月がかかる

　最初に厳しい話をさせてください。
　あなたが、この本を買ったきっかけはなんでしょうか。
　私のブログを見ていただいたから。
　本屋で偶然見かけたから。
　私の他の本を見ていたから。
　友達から紹介されたから。
　多くの理由があると思います。
　買ってみようと思ったきっかけはさまざまでも、なぜ買ったのかは同じだと思います。
　相場の勉強をしようと思ったからですよね。
　相場の技術を学んで、自分の手法を確立して、相場で利益を上げるため。もしかしたら相場の利益で生活をしていけるのではないかと思ったからかもしれません。
　「相場がうまくなりたい」。
　この気持ちを持ったことに間違いはないでしょう。
　この本は流し読みをすれば2〜3日もあれば簡単に読めてしまうと思います。しかし、ひとつひとつのことを理解しながらじっくりと読んでいくと1カ月かかるかもしれません。もしかしたら1年かかるかもしれません。
　今回の本の内容はとても実践的な内容になっています。
　では、本の内容すべてを理解することができれば、利益を出せるトレーダーになっているのでしょうか。
　相場で生活をしていけるトレーダーになっているのでしょうか。
　答えはたぶん「ノー」でしょう。
　え〜っ！
　「実践的な本なのにすべてを理解しても利益を出せるようにならないの？

それなら読むだけ無駄じゃん」。

そう思ったあなた。本を閉じるのはちょっと待ってください。もう少しだけ私の話に付き合ってくださいね。

今まであなたは本気で相場の勉強をしてきたでしょうか。いろいろな本を読んだのだけれども、利益に結びついていないという人が多いのではないでしょうか。

世の中には相場関係のすばらしい本がたくさんあります。そんなすばらしい本をいっぱい読んでいるのに利益につなげることができないあなた。それはもしかしたら本気で勉強をしてこなかったのかもしれません。

本気で勉強をしていないのに、この本を読んだだけで相場で利益を上げ、そのお金で生活できるようになるなんてあり得ません。

相場の世界はそんなに甘いものではないのです。

相場の世界と書きましたが、どの世界でも一緒ではないでしょうか？

自分がなんらかの商売をするためにお店を持ったとします。なんの勉強もせずにいきなりお店を持って、数カ月で利益を上げて生活できるようになるでしょうか？

勉強もしないで始めたお店なんてすぐに潰れてしまいますよね。商売をしようと思ったら、まずはその商売について勉強をします。本を読むことかもしれません。同業他社を見にいくことかもしれません。

でも、本を読んだり視察に行ったりするだけではありませんよね。どこかのお店で働き、多くのことを経験して学んでいくのではないでしょうか。その学ぶ期間というのは数カ月ではないはずです。

「石の上にも3年」と言いますが、最低でも3年は学ぶのではないでしょうか。3年間本気で勉強をしてようやく自分の店を構えます。中には定年してから店を開く人もいます。自分の夢がかなった瞬間です。

しかし、そのうちの80％のお店は3年以内になくなります。残りの20％のお店のうち半分以上のお店は5年以内になくなります。3年間も本気で勉強をして一生懸命貯めたお金で始めたお店なのに5年以内にほとんどのお店がなくなってしまうのです。

残るのは借金だけです。もしかしたら家族の崩壊もおまけで付いてくるかもしれません。これが現実なのです。

◎基本が何よりも大事

　しっかりと勉強をしてきたつもりでも店を始めた途端に多くの人が勉強をやめてしまうのです。店を始めたことがスタートなのにゴールだと勘違いしてしまうのです。自分の店を持つことが目標であり、ゴールだったのです。

　本当のスタートは店を始めた瞬間なのですね。しかし、忙しさを理由に勉強をしなくなります。

　今、高校生で1カ月に1冊も本を読まない人が55.1％もいます。学生でこの数値です。社会人になれば学生よりも時間がなくなり読書する時間を探すことさえ大変です。そうなると社会人では1カ月に1冊も本を読まない人はもっと多くいるわけです。

　自分で商売をしていても1年の間に本を1冊も読まない事業主がたくさんいます。それでお店を繁盛させ、利益を出そうだなんて考えることがとんでもないことです。

　トレーダーの世界も同じだと思います。数カ月勉強しただけで相場で生活できるようになれるはずがないのです。

　私だってトレーダーとして自立できるまでには長い年月がかかっています。数カ月で生活できるようになったわけではありません。そして、今でも相場の勉強を続けています。良い本があるという話を耳にすればすぐにその本を買って読んで勉強をします。

　トレードのアイデアが浮かべばすぐに検証をして本当に良いアイデアなのか確認をします。常に勉強し続けているのです。

　この私の得た知識や経験を、この本を読んでくださるあなたに伝えたいのです。そして、長い年月をかけなくても相場で生活ができるようになっていただきたいと本気で思っているのです。それでも、この本を読んだだけで生活ができるようになるのは難しいでしょう。

　この本を読むことにより、相場の基本を学ぶことができます。基本なんて面

倒だと思われるかもしれません。でも、基本は重要なのです。基礎になるものなのです。

　基本ができていなければ応用もできません。嫌だとか面倒だとか思っていたら基本さえも身につけることはできません。

　本当に身につけるためには楽しく勉強することが大切です。楽しいことは自ら進んでやりたくなります。そうすると技術が上がりさらに楽しくなります。さらに楽しくなるともっともっと勉強したくなります。

　そうやって基礎訓練を終えるのです。

　本気で勉強をし、この本を何回も読み返し、本がボロボロになった時には以前の自分とは違う自分がいるでしょう。

　チャートの見え方が変わっているはずです。

　値動きの方向性がなんとなくでもわかるようになってきているはずです。これはすごい進歩なのです。すごい成長をしているのです。

　チャートを肴に一杯なんてことができるようになっているはずです。もうすでに大きな損失を出すようなトレードをすることもなくなっているはずです。

　伝説のチェスプレーヤーである「ボビー・フィッシャー」は次のように言っています。

　「まず初めのレッスンはチェスの定石本に載っているすべての定石を覚えることだ。次のレッスンはそれをもう一度やってみることだね」。

　基本を覚えるということはとても重要なことです。

　基本を楽しく学んでいけばその先に待っているものは楽しい勉強であり、すばらしい結果です。

　あせる必要はありません。しっかりと基本を身につけてください。

　基本と書くと内容の薄い本であると勘違いされるかもしれません。

　実際にはとても深い内容が書いてあります。

　そして、この内容を理解し実行することができれば今とは違う自分に出会うことができるでしょう。

　一緒に楽しみながら勉強していきましょうね。

　ワクワクしたあなたはページをめくってくださいね。

② チャートを見る順番

◎一番重要なのはローソク足

　株式投資はファンダメンタルで投資をする人と、テクニカルを使って投資をする人がいます。

　ファンダメンタルで投資をする人はチャートから得られる情報よりも会社四季報やyahooファイナンスなどからの財務情報を元に売買をされることが多いと思います。

　テクニカルを使って売買をする人は、ネット証券から提供されるチャートを使用して売買を行っている人が多いと思います。

　現在、各証券会社から提供されるチャートソフトは10年前では考えられないほど機能が充実しています。そしてそのチャートソフトはほとんどの場合、証券会社に口座を開けば無料で利用することができるようになっています。

　株式投資をする環境は年々整備されてきていますね。

　これらのチャートソフトでは多くのテクニカル指標が利用できるようになっていますが、どれを使っていいのか判断に迷うのではないでしょうか。

　巷に出回っている投資関連の書籍を読むと、RSIが機能すると書いてあるものもあれば、移動平均線が機能すると書いてあるものもあります。また、一目均衡表が機能すると書いてあるものもあります。多くの書籍を読めば読むほど、どのテクニカル指標を利用すればいいのかわからなくなってしまうのですね。

　実は、テクニカルで売買をする際に利用するチャート上に表示されている情報にはそれぞれ重要度があるのです。

　以前の著書でも書きましたが、まずはこの重要度から説明をしていきます。

　ファンダメンタルの場合は会社の業績や翌年の決算予定などが重要視されますが、テクニカルの元になるものとは、株価の動きです。株価の動きがなければテクニカル指標というものも存在しないのですね。

　つまり、チャート上に表示されている情報の中で一番重要なものとは株価の動きなのです。

チャート上で表示されている株価の動きの代表的なものはローソク足ですね。この本を読んでいる方でローソク足を知らない人はいないでしょう。

日本では「ローソク足」が株価の動きを見るための代表ですが、他にも株価の動きを表示するテクニカルがあります。

バー足、ライン足、新値足などがそれにあたります。バー足はダウやナスダックのチャートを見られたことのある人でしたらご存知でしょう。欧米ではバー足が株価の動きを見るための代表的なテクニカルですね。

ローソク足についての詳しい説明は省かせていただきますが、ローソク足は非常に優れたテクニカルで、相場の動きから強さ、そして天井らしさや底らしさまで判断することができるのです。

◎二番目に重要なのは移動平均線

二番目に重要なテクニカルは、ローソク足などと同じ場所に描かれるものです。誰もが知っている移動平均線です。

テクニカルで売買をしている人で移動平均線を知らない人はいないでしょう。そして必ずと言っていいほどチャートに表示しているテクニカルでしょう。

一般的に移動平均線と言うと、単純移動平均線のことを指しますが、移動平均線には多くの種類があります。

代表的なものは、

①単純移動平均線
②加重移動平均線
③指数平滑移動平均線

の3つです。

他にも移動平均線は存在しますが、この3つだけを覚えておけばいいでしょう。多くの人が実際の売買で利用する移動平均線もこの3つのうちのいずれかだと思います。

単純移動平均線というのは、使用するデータに対し均等に重みを与えていま

す。過去の株価も最新の株価も同じような重みになります。つまり、移動平均の算出式に新たに加えられたデータと、もうすぐ消え去る古いデータの影響を同時に受けることになります。

　単純移動平均線が、急に上向きから下向きに方向が変わると、その原因は直近の値動きが大きく下落したと考えがちです。実際、直近の値動きが大きく下落すれば移動平均線も下落します。しかし、過去の消え去るデータの影響も同じように受けるのですから、過去に大きく変動していた時期のデータが算出式から外れたとも考えることができるのですね。

　単純移動平均線を使用する場合には、このように直近のデータの影響も消え去るデータの影響も同じように受けるということを覚えておいたほうがいいでしょう。

　加重移動平均線は、古いデータよりも新しいデータのほうがより重要であるという考えから、直近のデータには早く反応し、古いデータには緩やかに反応するという特徴があります。

　データの重要度に差をつけて、より現在に近い株価を重視する移動平均線です。ですから単純移動平均線のように過去の変動の大きな時期のデータが外れた場合でも、移動平均線の動きは緩やかで急に動くということはありません。直近の株価の変動が大きい場合にはそれに伴い加重移動平均線も変動することになります。

　指数平滑移動平均線には次のような特徴があります。

　単純移動平均線や加重移動平均線が、算出する選んだ本数のデータのみに対して反映するのに対し、指数平滑移動平均線は加重移動平均線同様に現在の価格に重みを与えていますが、同時に古いデータを外さずにすべてのデータを算入していきます。古いデータをすべて算入するということはデータのスタート時点により算出される移動平均値が異なりますので、仮に2人のトレーダーがそれぞれ別々の期日から計算を開始したとすると指数平滑移動平均線は違ったものになる可能性があります。

　すべての移動平均線について言えることは、データをスムージングしようとするものだということです。

この3つの移動平均線の中でも単純移動平均線が支持線、抵抗線として機能するのは一番多くの人が見ているからでしょう。

　また、加重移動平均線および指数平滑移動平均線はトレンドの転換をより早く見つけることができます。この2つの移動平均線はトレンドの方向性を見るには非常に適していると思います。

　あまり意識していないかもしれませんが、このように移動平均線は非常に優れたテクニカルなのでほとんどのトレーダーが自分のパソコンの画面に表示させているのです。

　移動平均線自体はあまりにも見慣れていますが、とても機能している重要な指標なのです。

◎三番目に重要なテクニカル指標

　チャートを見る上で3番目に重要なものは、ローソク足とは別の場所に表示されるテクニカルです。

　移動平均線はローソク足と同じ場所に表示されるテクニカルでした。ローソク足と違う場所に表示されるテクニカルとは次のようなものです。

　RSI、RCI、ストキャスティクス、MACD、DMI、ADXなど多くのテクニカル指標があります。では、これら多くのテクニカル指標の中で機能するものはどれなのでしょう。

　実はすべてのテクニカル指標が有益であり機能するのです。もし、機能しないテクニカル指標であれば、この世の中から消えてなくなっているでしょう。機能するテクニカル指標なのにこれらを利用しても確実に儲けることはできないのですね。それはなぜかというと、それぞれのテクニカル指標には得意な動きとそうではない動きがあるからです。

　RSI、RCIやストキャスティクスなどのテクニカル指標をオシレータ系指標と呼んでいます。そしてこれらオシレータ系指標は一般的に逆張りの指標として知られています。

　逆張りとして使う場合は、買われすぎで売って売られすぎで買うということですが、これをそのまま使うのは危険なのです。

例えばストキャスティクスの場合だと、株価が強い動きを継続している場合%Kも%DもSDもすべてが買われすぎになってきます。その後も株価の動きが強いままで上昇し続けるとストキャスティクスは上にへばりついたまま動かなくなります。つまり、買われすぎだからと言って安易に売ると買われすぎのまま下落転換せずに株価だけが上昇していくということになります。そうなった場合には非常に大きな損失を受け入れなければならなくなります。

逆に、株価が弱い動きを継続している場合には%K、%D、SDすべてが売られすぎになってきます。その後も株価の動きが弱いままで下落し続けるとストキャスティクスは下にへばりついたまま動かなくなります。つまり、売られすぎだからと言って安易に買うと売られすぎのまま上昇転換せずに株価だけが下落していくということになります。

ここまで説明してきたように、チャートを見るときには重要な順番というものがあります。

なぜ、このような順番を説明するのかというと、チャート上に表示されているこれらの情報からトレンドを判断することができ、それぞれのトレンド判断の重要度が違うからです。

私のやっているトレンド判断には次の3つの判断方法があります。

- 株価の動きから得られるトレンド判断。
- 移動平均線と株価の関係から得られるトレンド判断。
- オシレータと株価と移動平均線から得られるトレンド判断。

そして、これらのトレンド判断の重要度は株価の動きから得られるトレンド判断が一番重要であり、移動平均線と株価の関係から得られるトレンド判断が二番目になります。

オシレータと株価と移動平均線から得られるトレンド判断は三番目ということになります。

すべてのトレンド判断が同じ重要度ではないのです。

③ 相場の原理原則とは

◎相場の原理原則に基づいた売買の流れ

　相場に限らず技術を身につけるためには基本が一番大切です。基本ができていないのに試合をすれば負けるのは目に見えています。多くの投資家は基本の勉強もせずに本番に挑んでいるのが実情です。

　将棋や囲碁に原理原則や定石というものが存在するように、相場にも原理原則があり定石があります。多くの投資家はこの原理原則をわかっているつもりでも理解していません。基本を知り、原理原則を知り、セオリーを知ってはじめて相場に参加する資格を得るのです。

　では、相場の原理原則とはなんなのでしょうか。

　実は相場の原理原則なんてもんはとても単純なものなんです。

　みんな難しく考えすぎているのですね。

　相場の原理原則とは次のようなことです。

●上昇トレンドのときには買いしかしない。
●下降トレンドのときには売りしかしない。

　そして、

●上昇トレンドのときには押し目買いをする。
●下降トレンドのときには戻り売りをする。

　これだけですね。これが相場の原理原則です。

　簡単ですよね。

　この原理原則を守らないから相場で損失を出すことになるのです。

　明確な判断ができないトレーダーは、上昇トレンドなのに2番天井だと言って空売りをしたり、下降トレンドなのに突っ込み買いだと言って買いに入った

第1章　トレンドの確認方法　023

りするから損失を膨らますのです。そして相場の世界からいなくなります。
　相場の原理原則に基づいて売買の流れを簡単に説明すると次のようになります。

①トレンドの動きを確認する。
②調整の動きを確認する。
③トレンドに戻る時にエントリーする。
④分割売買を取り入れる。
⑤確率論を取り入れて正しい売買を繰り返す。

　私が行う売買はこれだけです。
　とっても簡単そうに感じるでしょう。実際に理解してしまえばトレードというのはとても単純で楽しいものなのです。
　この後から上記の5つの原理原則について詳しく説明をしていきます。

◎トレンドを判断するためのルール

　それではまずトレンド判断について見てみましょう。
　トレンド判断をするためには誰が見てもわかるルールが必要です。人によって判断が変わってしまっては意味がありません。男の人が見ても女の人が見ても同じ判断ができる。20歳の人が見ても80歳の人が見ても同じ判断ができる。
　このようなものでなければ使うことができないのです。
　トレンドを判断する材料には、先ほど書いた株価の動き、移動平均線、オシレータを使います。そして、これらを使ったトレンドの判断方法には3つの判断方法があります。
　まずは株価の動きを使った一番重要なトレンド判断の方法から説明します。
　その前に重要なお話があります。
　実は株価の動きを使ったトレンド判断では高値と安値をルールに基づき算出し、その高値と安値の位置関係でトレンドの判断をするのです。これは誰もが同じ判断をするために重要なことです。

◎高値と安値を決めるルール

　では、高値と安値を決めるルールです（高値をピーク、安値をボトムとも言います）。
　図1をご覧ください。

図1

　このチャートは2012年9月21日から11月19日までの日経225先物の日足チャートです。
　10月15日に8490円でボトムの数値が描画されています。
　10月26日に9090円でピークの数値が描画されています。
　11月13日には8620円でボトムの数値が描画されています。
　これらのピークとボトムをどのようにして決めるのかを説明します。
　ピークとボトムを決めるためのルールは次のようになります。

①直近の高値3日平均の最低値を、当日の安値3日平均が上回ったら陽転とする（この時点でボトムが決まる）。

②直近の安値3日平均の最高値を、当日の高値3日平均が下回ったら陰転とする（この時点でピークが決まる）。

陰転〜陽転までの最安値がボトム

陽転〜陰転までの最高値がピーク

◎ボトムの確定の仕方

図2をご覧ください。

図2

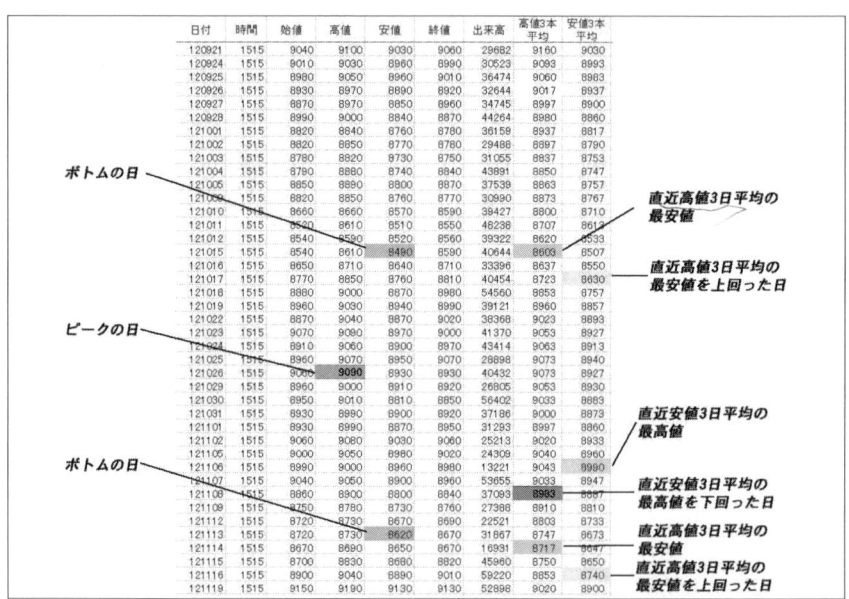

ピークとボトムを求めるためには直近3日間の高値平均および直近3日間の安値平均を使用します。

直近3日間の高値平均とは字のとおり、3日間の高値を平均した数値です。

9月21日の高値は9100円、9月24日の高値は9030円、9月25日の高値は9050円です。

平均は（9100 + 9030 + 9050）÷ 3 = 9060円となります。

9月21日の安値は9030円、9月24日の安値は8960円、9月25日の安値は8960円です。

平均は（9030 + 8960 + 8960）÷ 3 = 8983円となります。

ボトムが確定するのは直近高値3日平均の最安値を安値3日平均が上回った時点となります。

ピークが確定するのは直近安値3日平均の最高値を高値3日平均が下回った時点となります。

高値3日平均の欄を見ていくと9月21日の9160円から徐々に平均値が下がっています。そして10月15日の8603円が最安値になっています。

翌日の10月16日は8637円となっていて最安値ではありません。

10月17日の安値3本平均は8630円となっていて、10月15日の高値3日平均である8603円を安値3本平均が上回りました。

この時点でそれまでの最安値がボトムとして確定することになります。

10月17日までの最安値は10月15日の8490円となりますので、この8490円がボトムとなり、短期下落波動は終了し短期上昇波動へと転換します。

ボトムである10月15日から2日後の17日にボトムが確定したことになります。

◎ピークの確定の仕方

ここからはピークがどこになるのかを見ていくことになります。

ピークが確定するのは直近安値3日平均の最高値を高値3日平均が下回った時点となります。

ボトムが確定した10月17日以降の安値3日平均を見ていくと徐々に平均値が上がっています。そして11月6日の8990円が最高値となっています。

翌日の11月7日は8947円となっていて最高値ではありません。

11月8日の高値3本平均は8983円となっていて11月6日の8990円を高値3本平均が下回りました。

この時点でそれまでの最高値がピークとして確定することになります。

ボトムが決まった10月15日から11月8日までの間の最高値は10月26日の

9090円となりますので9090円が短期上昇波動のピークであることになります。そして短期上昇波動は終了し短期下落波動へと転換します。

　ピークである10月26日から9日後にピークが確定したことになります。

　通常の場合、ピークやボトムが確定するのはピークやボトムの日から数えて3日〜5日後になることが多くあります。9日経過してからピークが確定するのはちょっと珍しいのです。

　このようにしてピークとボトムを算出することになります。

　ポイントはボトムが確定するのは、ボトムからある程度上昇を確認した後であり、ピークが確定するのは、ピークからある程度下落を確認した後ということになります。

　その「ある程度」というのを決めるために、高値3日平均と安値3日平均を利用していることになります。

　ルールがしっかりとしていれば誰が計算をしても同じ日、同じ価格をピークまたはボトムとして認識することが可能になります。

　チャートを見るだけではどこがピークなのかどこがボトムなのかわかりづらいのですが、計算をして算出をすることにより明確なピークとボトムを求めることができるのですね。

④ 株価の高値安値を使ってトレンドを判断する方法

◎上昇トレンド、下降トレンドの定義

では、株価を使ったトレンド判断を見ていくことにしましょう。
上昇トレンド、下降トレンドの定義は次のようになります。

●上昇トレンドとは、高値が切り上がり、安値も切り上がっている状態
●下降トレンドとは、高値が切り下がり、安値も切り下がっている状態

図3をご覧ください。

図3

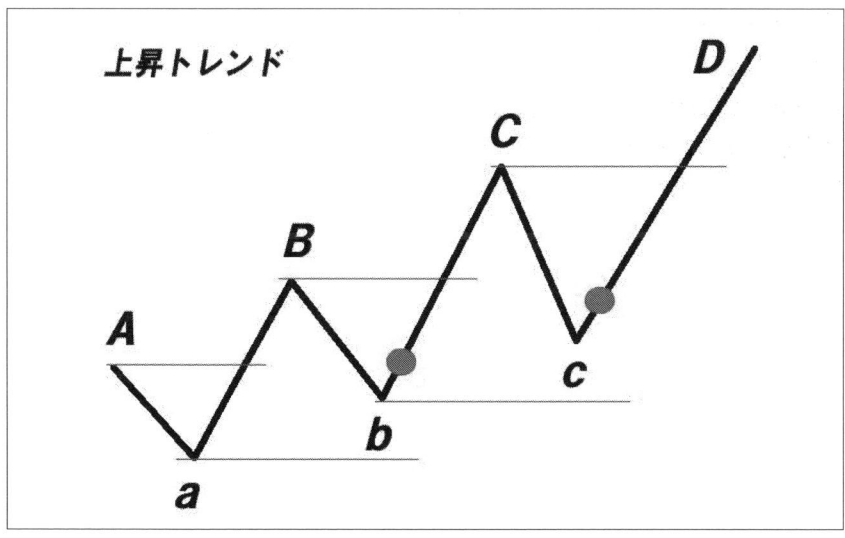

上昇トレンドを表している図です。
高値はA－B－C－Dと切り上がっています。
安値もa－b－cと切り上がっています。

そして押し目買いをするのは丸が付いている場所です。

A－Bで高値が切り上がり、a－bで安値が切り上がり上昇トレンドと判断することができます。

bからの上昇で付いている丸は、上昇トレンドになった後の最初の上昇波動です。

B－bの動きはa－Bの上昇に対する調整（押し目）になります。

押し目買いをするというのは、下落中に買うことではありません。下落が止まって調整終了となり、上昇開始となった時点で買うのです。

cの後の丸は上昇トレンド中のb－Cの上昇に対する調整の下落が止まり調整終了となった後の上昇開始地点です。

このように上昇トレンド中は上昇トレンドが続く限り押し目を買っていけば利益につなげることができるのです。

図4をご覧ください。

図4

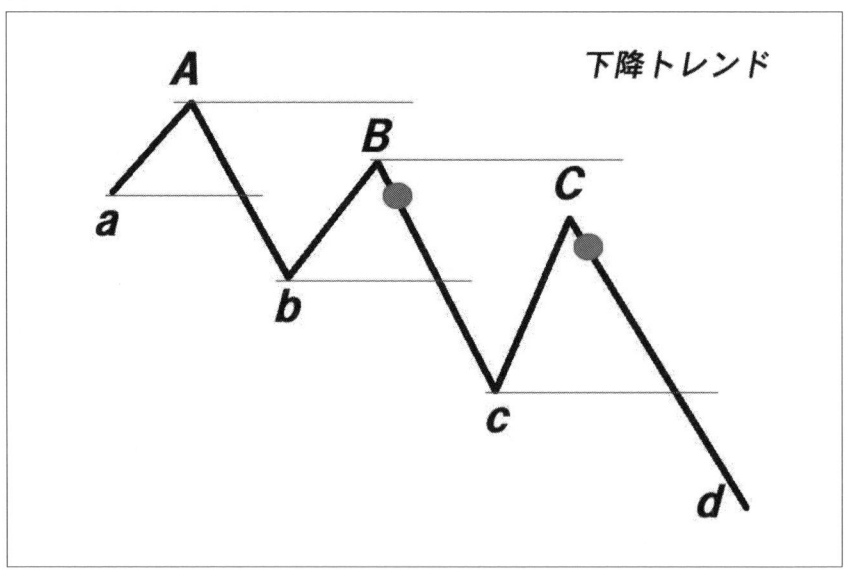

下降トレンドを表している図です。

高値はA－B－Cと切り下がっています。

安値もa－b－c－dと切り下がっています。

そして戻り売りをするのは丸が付いている場所です。

a－bで安値が切り下がり、A－Bで高値が切り下がり下降トレンドと判断することができます。

Bからの下落で付いている丸は下降トレンドになった後の最初の下落波動です。

b－Bの動きはA－bの下落に対する調整（戻し）になります。

戻り売りをするというのは、上昇中に売ることではありません。上昇が止まって調整終了となり、下落開始となった時点で売るのです。

Cの後の丸は下降トレンド中のB－cの下落に対する調整の上昇が止まり調整終了となった後の下落開始地点です。

このように下降トレンド中は下降トレンドが続く限り戻しを売っていけば利益につなげることができるのです。

このような原理原則を守らないから相場をしていて損失を出すことになるのです。

明確な判断ができないトレーダーは、上昇トレンドなのに二番天井だからと言って空売りをしたり、下降トレンドなのに突っ込み買いだと言って買いに入ったりするのです。そのたびに損失を膨らまし、自分の大切な資金を失っていきます。そして最後には相場の世界からいなくなるのです。

このように図で見ると相場ってとっても簡単ですぐにでも利益になるように感じますよね。しかし、実際に動いているチャートになるとこのとおりに売買をすることができない人が多いのですね。

誰もが簡単に儲かるのであれば、相場をやっている人全員がお金持ちになっているはずなのです。それなのに実際は参加者のうち9割もの人が損をしているというのですから相場っておもしろいし、厳しい世界ですよね。

相場は厳しい世界なのですが、しっかりと基本を勉強すればおもしろくて楽しい世界に変わってきますよ。

⑤ 移動平均線を使ってトレンドを判断する方法

◎移動平均線を使ったトレンド判断の基準

　ここでは、株価と移動平均線を使ってトレンドを判断する方法について説明します。

　図5をご覧ください。

図5

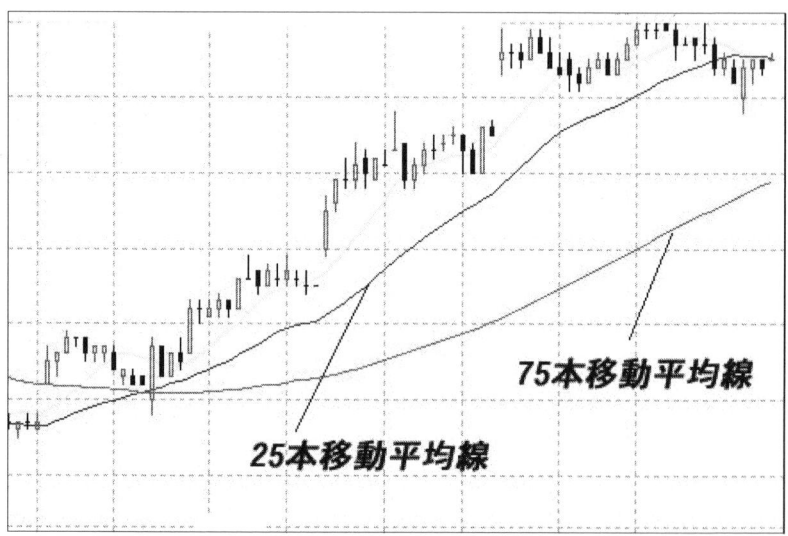

　パッと見て、この株価の動きは強いでしょうか、それとも弱いでしょうか。多くの方が強い動きであると答えるでしょう。

　では、強い動きであると答える理由は何なのでしょう。

- 25本移動平均線と75本移動平均線がゴールデンクロスしたから。
- 25本移動平均線も75本移動平均線も上向きになっているから。
- 株価が2本の移動平均線の上にあるから。

- 株価が25本移動平均線の上にあるから。
- 株価が75本移動平均線の上にあるから。

　このように多くの理由が見つかると思います。
　しかし、これらすべての条件が整わなければ強いと言えないのでしょうか。
　そんなことはありませんね。
　強い弱いというのは人によって感覚が違うので、ひとつでも条件が合致すれば強いと感じる人もいれば、2つの条件が合致すると強いと感じる人もいるでしょう。
　では、チャートを見たすべての人が同じように判断するためにはどうすればいいでしょうか。
　それは判断する基準を決めておけばいいのですね。株価の高値安値を使用してトレンド判断をしたように移動平均線を使ってトレンド判断をする基準を決めておけばいいのです。
　株価というのは75本移動平均線を基本として動きます。つまり、75本移動平均線と株価の関係を基本にして上下動を繰り返すのです。
　ということは、移動平均線を使用した判断には75本移動平均線を使えばよいということになります。
　私は移動平均線を使ったトレンド判断の基準を次のように決めています。

●**株価が75本移動平均線よりも上で推移していれば上昇トレンドとする。**
●**株価が75本移動平均線よりも下で推移していれば下降トレンドとする。**
●**上記以外の動きをしているときはトレンドレスとする。**

　とってもシンプルでしょ。
　図5では株価は75本移動平均線の上で推移していますので上昇トレンドと判断することができます。
　次ページの図6をご覧ください。

図6

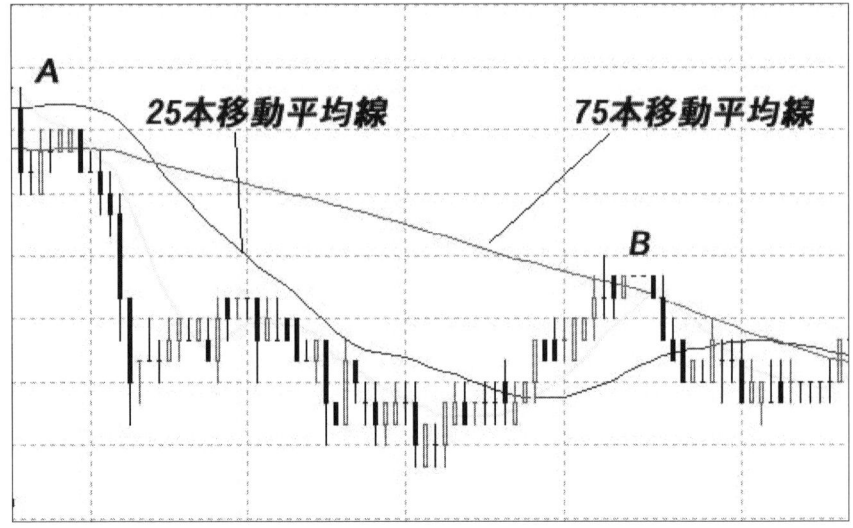

　チャートの左端のAの時点では株価は75本移動平均線と同価格帯での動きになっています。
　この時点ではトレンドレスと判断することができます。
　その後、75本移動平均線の下での動きになりましたので下降トレンドと判断することができます。
　その後株価はB地点で75本移動平均線と同価格帯での動きになりました。
　ここで一度トレンドレスとなりますが、すぐに75本移動平均線の下になりましたので下降トレンドへと復帰しています。
　そして右端では75本移動平均線と同価格帯になりましたのでトレンドレスということになります。

⑥ オシレータを使ってトレンドを判断する方法

◎ストキャスティクスを使ったトレンド判断の方法

　トレンド判断の方法について、株価の動きを使う方法と移動平均線を使う方法について見てきました。

　最後にオシレータを使用するトレンド判断の方法について見てみましょう。

　オシレータと言ってもRSI、RCI、ストキャスティクスなど、多くの種類がありますね。

　ここではストキャスティクスを使用したトレンド判断の方法を説明します。

　ストキャスティクスの基本事項の確認をしておきましょう。

　この本ではストキャスティクスの計算式を書きませんが、ストキャスティクスは株価を元にして計算されています。

　基本的には、株価が上昇するとストキャスティクスも上昇します。そして、株価が下降するとストキャスティクスも下降します。

　ストキャスティクスが表示される数値の範囲は、0～100の間になります。マイナスで表示されることはありませんし、100よりも上で表示されることもありません。

　一般的にストキャスティクスは逆張り指標として使用されます。数値が80以上になると買われすぎであると判断され、20以下になると売られすぎであると判断されます。

　次ページの図7をご覧ください。

　上段のジグザグは、株価の動きを表しています。

　真ん中を通っている破線は移動平均線です。わかりやすいように単純化して直線で表しています。

　下段はストキャスティクスの動きを表しています。

　株価が1の地点まで上昇すると、それにつれてストキャスティクスも上昇してⅠで買われすぎになります。

　そこから株価は2の地点まで下降します。

図7

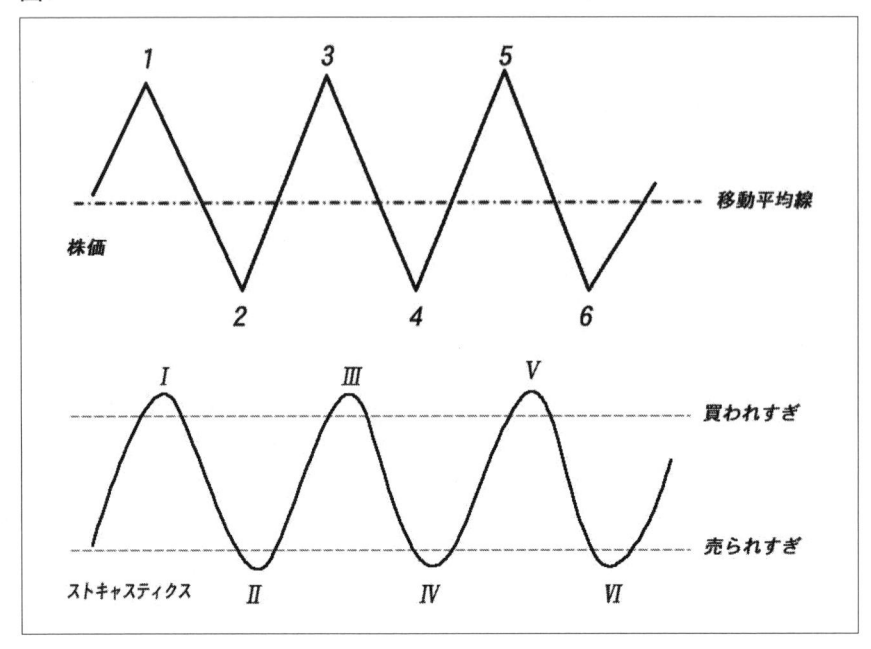

それにつれてストキャスティクスは下降してⅡで売られすぎになります。

株価の動きに対してストキャスティクスの動きは少し遅れて反応します。

株価と移動平均線の関係を見ると次のようになります。

1、3、5の地点では株価は移動平均線の上にあります。

2、4、6の地点では株価は移動平均線の下にあります。

株価と移動平均線に対してのストキャスティクスとの関係を見ると次のようになります。

ストキャスティクスの買われすぎであるⅠ、Ⅲ、Ⅴを見ると株価は移動平均線の上にあります。

ストキャスティクスの売られすぎであるⅡ、Ⅳ、Ⅵを見ると株価は移動平均線の下にあります。

つまり、株価が上昇してストキャスティクスが買われすぎになっているときというのは株価が移動平均線を越える位置にあるということです。

逆に言うと、株価が下落してストキャスティクスが売られすぎになっているときというのは株価が移動平均線を割り込む位置にあるということです。

◎上昇トレンドの定義

図8をご覧ください。

図8

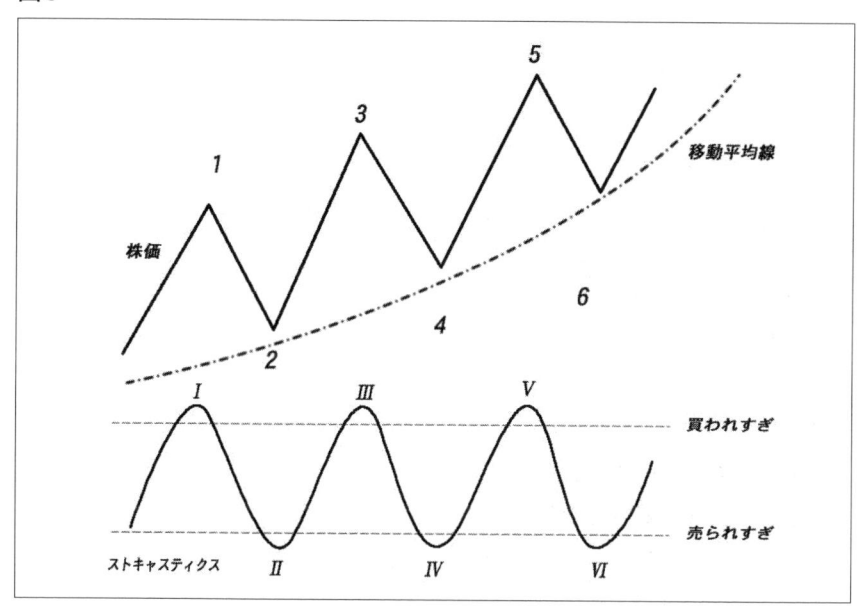

移動平均線と株価の関係を見ると右肩上がりの上昇トレンドになっているのがわかります。

株価と移動平均線の関係は次のようになります。

ストキャスティクスが買われすぎであるⅠ、Ⅲ、Ⅴの地点では株価は移動平均線の上にあります。この関係は図7と同じですね。

ストキャスティクスが売られすぎであるⅡ、Ⅳ、Ⅵの地点でも株価は移動平均線の上にあります。この状態が非常に重要なポイントになります。

ストキャスティクスが売られすぎの状況になっても株価が移動平均線を割り

込んでいないということです。株価が下げる動きになりそれに伴ってストキャスティクスも下落し売られすぎになったにも関わらず、移動平均線を割り込むことができなかったということです。

つまり、ストキャスティクスが下落したのに株価の動きは移動平均線の上にあり強い動きを継続していると判断することができるのです。

強い動きを継続しているのだから上昇トレンドであると言えます。

株価とストキャスティクスの関係において上昇トレンドと判断するためにはストキャスティクスが売られすぎになっている時点での株価の位置を見るということです。

上昇トレンドの定義は次のようになります。

●ストキャスティクスが売られすぎまで下落しても株価が移動平均線の上にある状態

◎下降トレンドの定義

次に図9をご覧ください。

図9

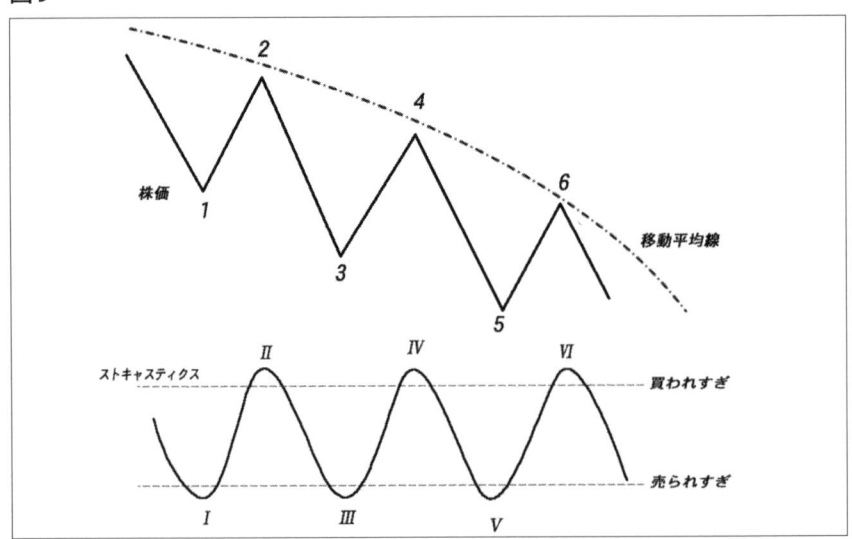

移動平均線と株価の関係を見ると右肩下がりの下降トレンドになっているのがわかります。
　株価と移動平均線の関係は次のようになります。
　ストキャスティクスが売られすぎであるⅠ、Ⅲ、Ⅴの地点では株価は移動平均線の下にあります。この関係は図7と同じですね。
　ストキャスティクスが買われすぎであるⅡ、Ⅳ、Ⅵの地点でも株価は移動平均線の下にあります。この状態が非常に重要なポイントになります。
　ストキャスティクスが買われすぎの状況になっても株価が移動平均線を越えていないということです。株価が上げる動きになりそれに伴ってストキャスティクスも上昇し買われすぎになったにも関わらず、移動平均線を越えることができなかったということです。
　つまり、ストキャスティクスが上昇したのに株価の動きは移動平均線の下にあり弱い動きを継続していると判断することができるのです。
　弱い動きを継続しているのだから下降トレンドであると言えます。株価とストキャスティクスの関係において下降トレンドと判断するためにはストキャスティクスが買われすぎになっている時点での株価の位置を見るということです。
　下降トレンドの定義は次のようになります。

● ストキャスティクスが買われすぎまで上昇しても株価が移動平均線の下にある状態

◎トレンドレスの定義
　もう一度図7（次ページ）をご覧ください。
　この図は株価とストキャスティクスの関係におけるトレンド判断ではトレンドレスの状況になります。
　株価とストキャスティクスの関係におけるトレンド判断では上昇トレンドから下降トレンドに転換する場合、または下降トレンドから上昇トレンドに転換する場合は必ずトレンドレスを経てから転換します。

図7

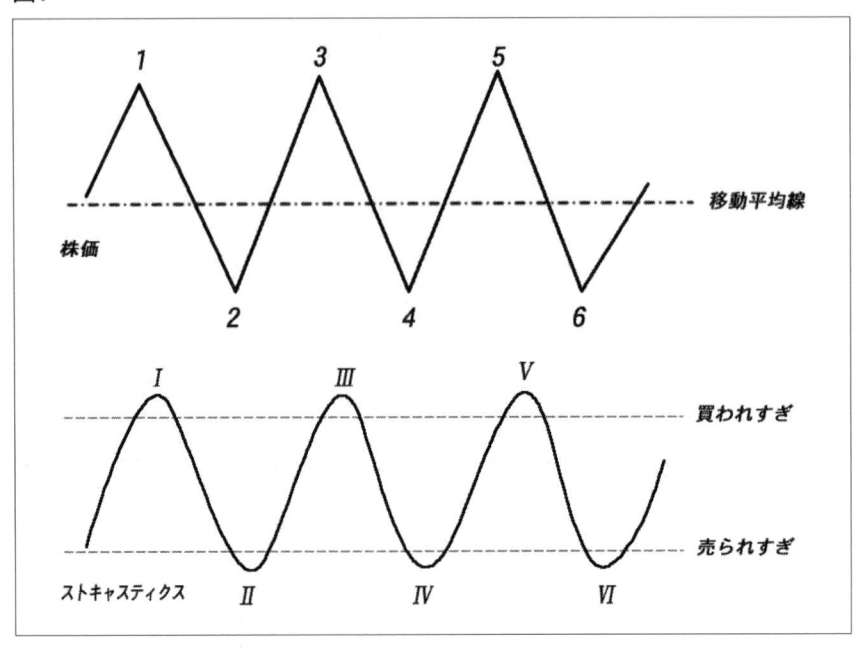

（図：株価と移動平均線、ストキャスティクスのチャート。株価のピーク1,3,5と谷2,4,6、ストキャスティクスのピークⅠ,Ⅲ,Ⅴと谷Ⅱ,Ⅳ,Ⅵ、買われすぎ・売られすぎのライン）

　　上昇トレンド　→　トレンドレス　→　下降トレンド
　　下降トレンド　→　トレンドレス　→　上昇トレンド

となるのです。
　それは株価が移動平均線の上から下、または下から上と跨いだ時点でトレンドレスになるからです。
　つまり、上昇トレンドにある状態から株価が移動平均線を割り込んだ時点でトレンドレスと判断することができるのです。
　逆に下降トレンドにある状態から株価が移動平均線を上抜いた時点でトレンドレスと判断することができるのです。
　トレンドレスの定義は次のようになります。

●株価が移動平均線を跨ぐ動きになる
●上昇トレンドでも下降トレンドでもない状態

　では、実際のチャートを見てトレンド判断をしてみましょう。
　図10をご覧ください。
　左端の時点では株価は移動平均線の下にあります。そしてストキャスティクスは売られすぎから徐々に上昇してきています。
　8580円を付けた時点で株価は移動平均線の下にありますがストキャスティクスは買われすぎまで上昇することができていません。
　8580円からの下落で8340円を付けた時のストキャスティクスを見ると下落していますが売られすぎまでは下落していません。
　つまり、上昇トレンドでも下降トレンドでもない状態ということになりAの地点のトレンド判断はトレンドレスとなります。

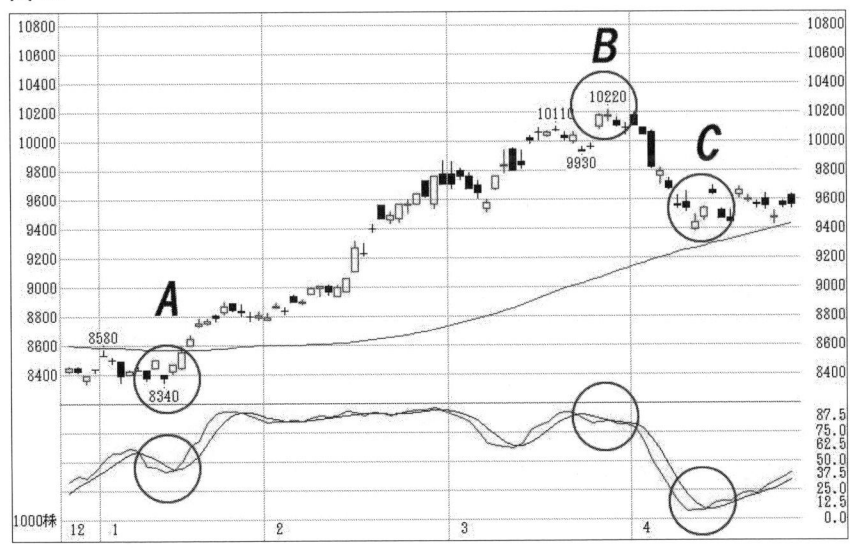

図10

では、次にBを見てみましょう。

10220円は移動平均線の上にあります。ストキャスティクスを見るとAの後買われすぎとなり上にへばりつく形となりました。そして少し下落しますが、再び買われすぎになりました。

株価が移動平均線の上にある状態でストキャスティクスが買われすぎになっています。この状況は上昇トレンドにも下降トレンドにも当てはまりませんのでトレンドレスという判断になります。

では、Cを見てみましょう。

Bの10220円から株価は下落しましたが移動平均線の上にあります。

そしてストキャスティクスを見ると売られすぎまで下落しています。

上昇トレンドの定義は次のとおりでした。

● ストキャスティクスが売られすぎまで下落しても株価が移動平均線の上にある状態

Cではストキャスティクスが売られすぎまで下落していますが、株価は移動平均線の上にありますので上昇トレンドと判断することができます。

この後、株価が上昇した場合は上昇トレンドが継続となり、株価が移動平均線を割り込む動きになるとトレンドレスとなります。

次ページの図11をご覧ください。

A地点をご覧ください。

ストキャスティクスは売られすぎまで下落しています。そして株価と移動平均線の関係を見ると移動平均線の上に位置しています。

上昇トレンドの定義は、

● ストキャスティクスが売られすぎまで下落しても株価が移動平均線の上にある状態

でした。

図11

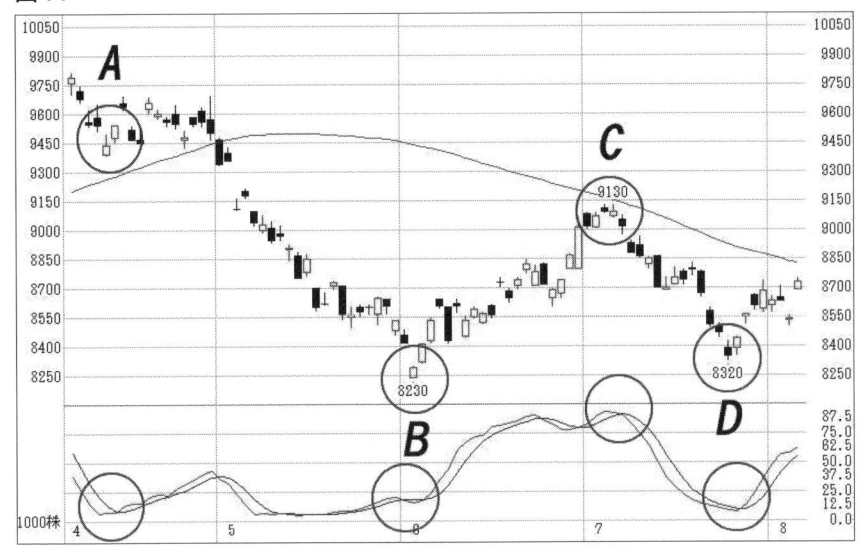

A地点ではストキャスティクスが売られすぎになっている状態で株価は移動平均線の上にありますので上昇トレンドと判断することができます。

B地点をご覧ください。

A地点で移動平均線の上にあった株価は移動平均線を割り込みました。

トレンドレスの定義は、

●株価が移動平均線を跨ぐ動きになる
●上昇トレンドでも下降トレンドでもない状態

でした。

Bでは株価は移動平均線を跨ぎましたのでトレンドレスと判断することができます。

次にC地点をご覧ください。

Bからストキャスティクスは上昇し買われすぎになりました。

そして株価を見ると移動平均線の下に位置しています。

下降トレンドの定義は、

●ストキャスティクスが買われすぎまで上昇しても株価が移動平均線の下にある状態

でした。
Cではストキャスティクスが買われすぎになっている状態で株価が移動平均線の下に位置していますので下降トレンドと判断することができます。
最後にD地点をご覧ください。
ストキャスティクスは売られすぎになっています。この時点での株価は移動平均線の下にあります。
上昇トレンドの定義にも下降トレンドの定義にもあてはまりませんね。そうなるとトレンドレスという判断になりそうですが、ここは下降トレンドなのです。
それはなぜかというと下降トレンドから上昇トレンドになる場合には株価を跨ぐ必要があります。
CからDの動きでは株価は移動平均線の下のまま推移し移動平均線を跨ぐ動きにはなっていません。よって下降トレンドが継続していると判断することになります。
トレンドレスになるのは株価が移動平均線を跨いだときです。それまでは下降トレンドは継続することになります。
この判断は非常に間違いやすいので気をつけてください。

⑦ トレンドの確認とエントリーは違う

◎エントリー時にトレンドの確認をしてはいけない

　私の手法は順張りです。順張りというのは「大天井を売る」「大底を買う」というものではありません。トレンドを確認して、調整の動きを待って、トレンド方向に動く時にエントリーするのです。

　毎回エントリーする前にトレンドの確認をすませ、調整の動きを見ているわけです。

　「トレンドを確認して、調整の動きを待って、トレンド方向に動く時にエントリー」

　これをステップに分けると次のようになります。

①トレンドを確認する
②調整の動きを待つ
③トレンド方向に動く時にエントリー

　①のトレンドの確認はここまで説明してきたトレンド判断です。
　1.ピークボトムによるトレンド判断
　2.株価と移動平均線との関係によるトレンド判断
　3.株価と移動平均線、ストキャスティクスとの関係によるトレンド判断
　他にもトレンドを判断する方法はありますが、私はこの3つを使用しています。このトレンド判断でエントリーする方向が決まります。
　上昇トレンドであれば買いエントリーをする。下降トレンドであれば売りエントリーをする。トレンドレスであればエントリーはしない。
　②の調整の動きを待つというのは、トレンドに反する動きを待つということです。上昇トレンド中であれば下落するのを待つということです。
　そして、③のトレンド方向に動く時にエントリーするになります。
　ここでは、もうトレンドの確認をする段階ではありません。ここが重要なポイントです。

トレンド確認をし、調整の動きを見ていますので、エントリーするかどうかはすでに決めています。エントリーすると決めていても結局見送るときもありますが、エントリーするかどうかは決めているのです。
　あとはいつエントリーするかを決めるだけとなっているのです。
　この時点で、ピークが切り上げたとか切り下げたとかを確認しているとエントリーのタイミングが遅れるのです。エントリー前は最低限の確認のみで必要以上の確認をするべきではありません。
　例えば次のような場合を考えてみましょう。
　上昇トレンドであることを確認した後、調整の動きも確認し下落転換の可能性が低いと判断をします。この時点で買うという体制は整いました。
　そして支持線で株価は下げ止まり、支持線から一定価格上昇します。
　ここで買うという行動に出るのですね。
　ここで買わずに短い足のボトムが確定してから買うとか、ストキャスティクスが陽転してから買うなどの確認のしすぎになると、株価は上昇してしまい買うタイミングが遅れ置いていかれてしまうのですね。
　しかも、強いトレンドで大きな利食いになる場合ほどエントリーすることができずに置いていかれてしまうのです。逆に、損切りになるような動きになるときは置いていかれずにしっかりと約定して、その後ロスカットにかかり損失で終わるということが多くなります。
　行動を起こす前に万全を期しておこうとすることは人間の心理として、ごく自然なことです。しかし、より多くを知ろうとせずに知的に行動できる人の所にお金は集まるのです。
　ポジションを取る前により多くの情報を知ろうとする人は常に出足が遅くなり負けるべくして負けることになるのです。
　トレーダーとして相場に対する安心感を求めてはいけないのです。ある程度のリスクを負いエントリーしなければならないのです。
　すべての事実関係を知ることができた頃には自分が得られる収益機会などなくなっているのです。
　確認のしすぎは「リスクの嫌悪」と呼ばれるのです。

⑧ 騙しの少ないテクニカル"収斂と拡散"

◎しっかりと収斂すると、次の拡散の動きは大きくなる

　一般的に収斂というのは「縮む」「集約される」という意味のことを指します。ここで言う収斂とは、移動平均線の帯が縮んできている状態を指します。

　拡散というのは「広がる」という意味で、移動平均線の帯が広がってきている状態を指します。収斂と拡散を見ることによりトレンド方向への動きになっているのか反トレンド方向の動きになっているのかがわかります。

　収斂は反トレンド方向への動きです。

　拡散はトレンド方向への動きとなります。

　このことはバネで例えるとわかりやすいと思います。バネは縮んで伸びてという状態を繰り返します。通常の状態から伸びるよりも一度縮んだほうが大きく伸びますね。株価の収斂と拡散も同じようにしっかりと収斂したほうが、次の拡散の動きが大きくなります。

　図12をご覧ください。

図12

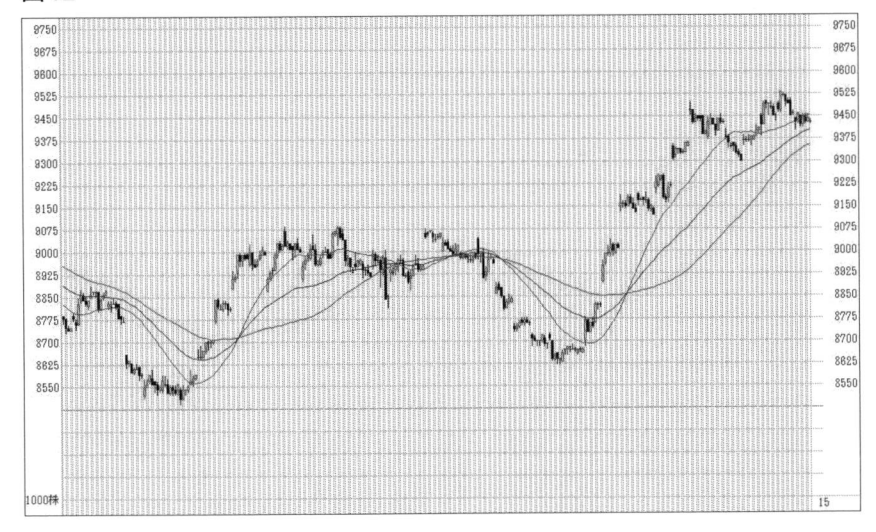

移動平均線の帯が収斂と拡散を繰り返しているのがわかりますね。
　ローソク足が一緒に描画されているとわかりづらいかもしれませんので移動平均線だけのチャートも見てみましょう。
　図13をご覧ください。

図13

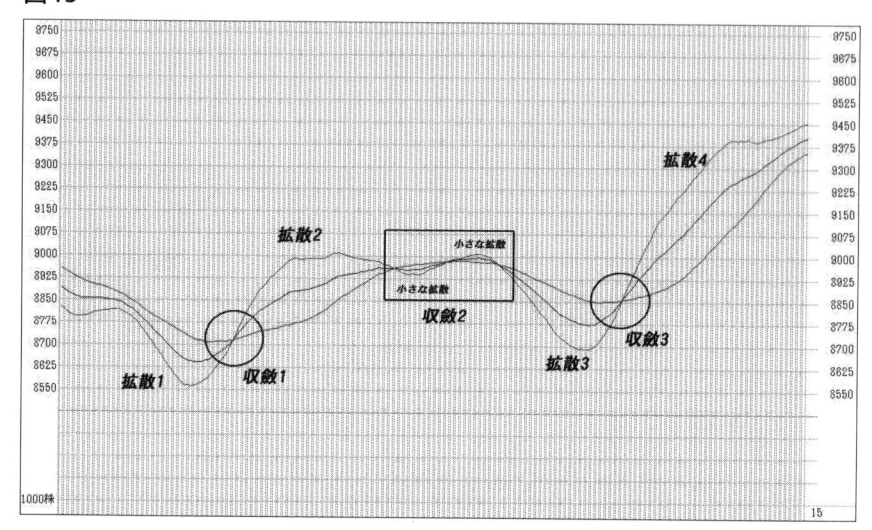

[図：移動平均線のチャート。拡散1、収斂1、拡散2、小さな拡散、収斂2、拡散3、収斂3、拡散4のラベルが記されている]

　このようにローソク足を消して移動平均線の帯だけを見ると収斂と拡散が非常にわかりやすくなります。
　収斂2は移動平均線の帯がひっくり返って小さな拡散をしていますが大きな流れで見ると収斂の中での動きになっているのがわかります。
　チャートの左から見ると下への拡散の後収斂の動きになり、移動平均線の帯が反転し、上への拡散の後小さな拡散を伴った収斂2の動きになり、再び下への拡散の後収斂3を経て拡散4の動きになっています。
　そして、次の収斂に向かっているのがわかります。

◎デイトレードに役立てる方法

　収斂と拡散というのは素早く反応するテクニカルではなく、反応は遅いけれ

ど騙しの少ないテクニカルであると言えます。

　このように騙しの少ないテクニカルですから長い時間軸で収斂と拡散を確認し、より短い時間軸のチャートと組み合わせることによりデイトレードに役立てることができるようになります。

　ここで見たチャートは日経225先物の60分足のチャートです。期間は約1カ月間を載せてあります。

　これが3分足や5分足という非常に短い時間軸のチャートになると一日のうちに収斂と拡散の動きを見ることができます。ここではチャートを載せることはしませんのでご自身で確認してくださいね。

　収斂と拡散について単純移動平均線を使用して見てみましたが、絶対に単純移動平均線で見なければならないということはありません。

　加重移動平均線や指数平滑移動平均線でも同様に収斂と拡散を見ることができます。

　どの移動平均線を使用するのかは個人の好みがありますので一概にどれが良いとは言えません。

⑨ 相場における基本概念"支持と抵抗"

◎支持線や抵抗線が生まれる理由

　支持線と抵抗線は相場における基本概念です。
　なぜかというと株価は以前の高値・安値のレベルを超えないで一定の価格帯の中に収まり続ける傾向があるからです。
　支持線と抵抗線というのは市場参加者の行動によって生まれます。そして市場参加者の投資行動は3つの認知のゆがみによって引き起こされます。
　その3つの認知のゆがみとは係留、直近偏向、処理効果です。
　係留とは、簡単に手に入る情報に頼りすぎる傾向、あるいはそれに縛られる傾向のことです。
　直近偏向とは、過去のデータや経験より、最近のデータや経験を重視する傾向のことです。
　処理効果とは、利益は早く確定し、損失はできるだけ長くしのごうとする傾向のことです。
　人は直近の高値あるいは安値をこれからできていくチャートの価格と比較するポイントにします。新しい価格はこのポイントの価格に比べて高いとか安いとかの判断をされます。
　直近の高値あるいは安値が簡単にポイントとなるのは、単にチャート上で比べやすいからです。
　このような理由から支持線や抵抗線が生まれるのです。
　株価は次の理由により上下します。

①需要が供給より上であれば、株価は上がる。
②供給が需要より上であれば、株価は下がる。

　直近の高値あるいは安値は現在の価格と比べやすい価格となります。
　多くの参加者がこの高値や安値が支持や抵抗になると考えます。

直近高値近辺では利食いの売り注文を出します。また新規での売り仕掛けをする参加者が多くなります。つまり、供給である売り手が需要である買い手の数を上回るのです。そして株価は下落します。

直近安値近辺では利食いの買い注文が出ます。また新規での買い仕掛けをする参加者が多くなります。つまり、需要である買い手が供給である売り手の数を上回るのです。そして株価は底を打ち上昇します。

◎支持抵抗は、なぜ重要なのか

支持抵抗はどうして重要なのでしょうか。

相場に参加している誰もが、同じチャートを見て同じ価格を見ています。

支持抵抗が重要な理由は、上記のような心理的背景があり、チャート・板を見る誰もがそれに気づき識別できるし、誰もが支持・抵抗で反発する可能性があると予想しているので通常は支持抵抗として機能することになります。

トレンドが発生し株価がジグザグに動くのは、投資家たちの期待が変わったと推測されます。期待の変化で需要と供給の変化が起き支持・抵抗が逆転したりします。

私たちは、それらの変化を利益に結びつけていくのです。常に支持抵抗が機能し株価が一定の範囲内でしか動かなければ私たちは相場で利益を上げていくことが困難になります。

支持や抵抗が決定的に破られると役割が逆転して今まで抵抗だったレベルが支持になり支持だったレベルが抵抗になります。

次ページの図14をご覧ください。

市場参加者は、

①買いポジションの人（強気）
②売りポジションの人（弱気）
③まだポジションを持っていない人（中立）

上記の3つに分かれます。

図14

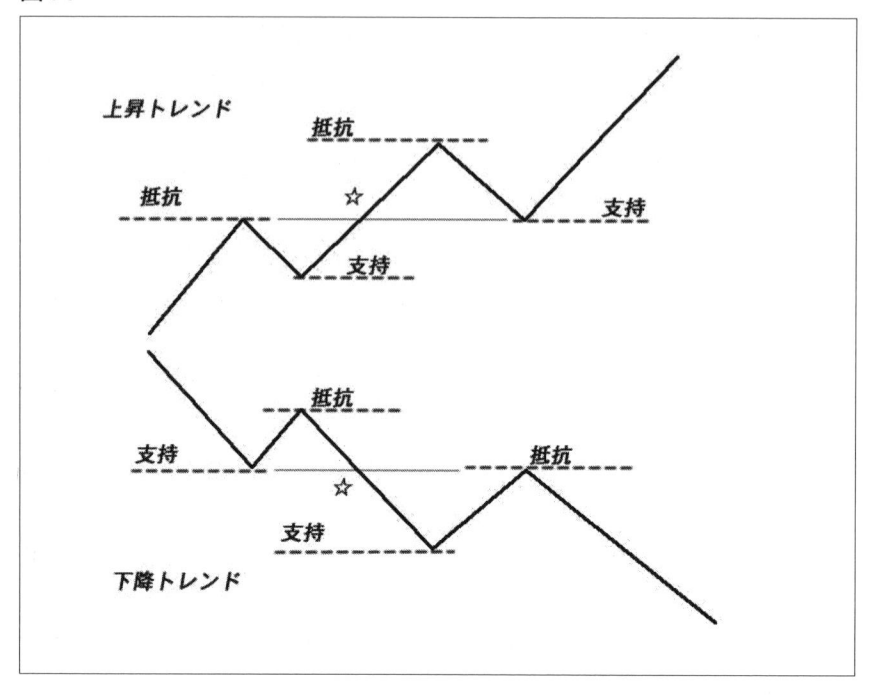

```
上昇トレンド        抵抗
      抵抗       ☆       支持
                 支持

              抵抗
     支持       ☆       抵抗
              支持
下降トレンド
```

　次のような場合を考えてみましょう。
　例えば、支持線で株価がもみ合っていたがしばらく時間が経過したあと上昇した。
　このときの各ポジションの人たちの気持ちはどのようになっているでしょう。
　買いポジションを持っている人は喜びウキウキします。そしてもっと買っておけばよかったと思うでしょう。
　売りポジションを持っている人は自分のエントリーは間違っていたと考えるか売ったことを疑い出します。そして上昇を見た後に価格がある程度戻ってくるようなことがあれば買い戻して様子見にしようと考えます。売った価格まで株価が下がってくればホッとして売値とトントンで返済し無傷で買戻しができればいいなと考えます。
　③のポジションを持っていない人には2種類の人がいます。

A. エントリーしようかしないかを決めかねて様子見をしている人。
B. 一度ポジションを持っていたが撤退してノーポジションの人。

　Aのどうしようか迷っていた人は株価の上昇を見ると買い場を探すようになります。
　一方、Bのポジションを持っていたが撤退した人というのは、売りポジションを持っていたが買い戻しをした人や、買いポジションを持っていたが何らかの理由により支持線近辺で返済した人などです。
　一度返済したが支持線で株価が支えられて下がらないのを見ているので、買いポジションを解消した人はもう一度買いポジションを持とうと考えています。売りポジションを解消した人は、今度は買いでエントリーしようと考えるようになります。
　これで①、②、③すべての人が買い目線で相場を見るようになり、押し目買いをしようとチャンスを待つことになります。
　こうなると支持線の価格帯に株価が近づくと株価は下げ止まり反発を開始することが多くなります。

　支持線の場合の相場参加者の心理を見てきましたが、抵抗線の場合はこの逆になります。
　例えば、抵抗線で株価がもみ合っていたがしばらく時間が経過したあと下落した。
　このときの各ポジションの人たちの気持ちはどのようになっているでしょう。
　売りポジションを持っている人は喜びウキウキします。そしてもっと売っておけばよかったと思うでしょう。
　買いポジションを持っている人は自分のエントリーは間違っていたと考えるか買ったことを疑い出します。そして下落を見た後に価格がある程度戻ってくるようなことがあれば転売して様子見にしようと考えます。買った価格まで株価が上がってくればホッとして買値とトントンで返済し無傷で転売ができれば

第1章　トレンドの確認方法　053

いいなと考えます。

　③のポジションを持っていない人には2種類の人がいます。

A. エントリーしようかしないかを決めかねて様子見をしている人。
B. 一度ポジションを持っていたが撤退してノーポジションの人。

　Aのどうしようか迷っていた人は株価の下落を見ると売り場を探すようになります。
　一方、Bのポジションを持っていたが撤退した人というのは、買いポジションを持っていたが転売をした人や、売りポジションを持っていたが何らかの理由により抵抗線近辺で返済した人などです。
　一度返済したが抵抗線で株価が止められて上がらないのを見ているので、売りポジションを解消した人はもう一度売りポジションを持とうと考えています。買いポジションを解消した人は、今度は売りでエントリーしようと考えるようになります。
　これで①、②、③すべての人が売り目線で相場を見るようになり、戻り売りをしようとチャンスを待つことになります。
　こうなると抵抗線の価格帯に株価が近づくと株価は上げ止まり反落を開始することが多くなります。

第2章

調整の確認方法

～調整を待つと損失が少なくなる～

① 睡眠不足や体調不良で相場に臨むな

◎トレードにおいて集中力低下は致命傷

　誰しもいつも体調が良い日ばかりとは限りません。本業が忙しくて睡眠不足になったりちょっと体調を崩したりすることもあります。

　睡眠不足や体調の悪いときはトレードを控えましょう。このような日は集中力が不足していて正しい行動ができなくなる可能性が高いのです。

　集中力が不足して正しい行動ができないということはトレードにおいては致命傷です。どんな売買をしても損失になる可能性が増すからです。

　ですから、睡眠不足のときや体調の悪いときはトレードをするべきではありません。

　また、体調が悪かったり感情が高ぶっていたり苦痛があったりすると無意識のうちに、「今日は勝てなくてもいいや」と思うようになります。こんな体調の悪い日は負けて当たり前だと考えるようになるのですね。

　こんな日は思い切ってお休みして遊びに行っちゃうのがいいでしょう。

　相場は毎日ありますが、私たちは毎日参加する必要はありません。

　私たち個人投資家に与えられている権利は、

●買うこと
●売ること

　そして、

●何もしないこと

　この3つです。調子の悪い日にはこの3番目の何もしないことを行動することによって自分の大切な資金を守ることができます。

　体調の悪いときや気分の乗らないときはゆっくりと過ごすのもよいでしょう。

② 収益化できる場面を待つ

◎待つは仁

　相場に参加していると毎日プラスで終わりたい、すべての場面を利益に変えたいと考えるようになります。
　しかし、相場の動きすべてを利益に変えようとしても不可能なことであり、無理に利益を上げようとして売買を繰り返すと深みにはまり損失を被ることになります。
　相場変動の中から自分の得意な場面のみを利益に変えようとし行動すれば十分な利益を得ることができます。難しい場面に挑戦する必要はないのです。

「休むも相場」

ということです。
　1770年代に相場道の真理を究めたと言われた牛田権三郎慈雲斎の米相場の秘伝書「三猿金泉録」のなかに「待つは仁」という言葉があります。

「高きをば、せかず急がず待つが仁、向かうは勇、利乗せは知の徳」。
「仁」は待つということで、「勇」は向かうということです。そして「知」は利乗せをするということです。

「売買を、せかず急がず待つが仁、徳の来るまで待つのも仁」。
　相場に参加する場合は、自分のはやる気持ちを抑え、時期到来のチャンスを待つということですね。

「休むとは、ただの休みと思うなよ、次の仕掛けの元となるなり」。
　この言葉は売りと買いのどちらしかないと思うのは誤りで、休むことも大切な要素であるということですね。

損得に関係なく、ひとつの売買が終わったら一歩下がって市場の環境や相場の動向をゆっくり眺め回す余裕を持つぐらいでちょうどいいという意味でしょう。
　私たち個人投資家には何もしないで見ているだけという自由があります。
　売買をしなくても証券会社から急かされたり嫌味を言われたりすることはありません。難しいと思われる場面ではなにもしなくてもいいのです。
　売買をしなければ損失にはなりません。

◎エントリーしない勇気を持つ

　私自身も以前は常に相場に参加していなければいられないほど相場中毒になった時期がありました。
　株価が動いたらエントリーしなければ損をしてしまうと考え、待つことができなかったのです。
　逆に株価が動かないでヨコヨコになっている時期には、自分がエントリーした後に動き出すのではないか、動いていない今がチャンスだと考え、自分勝手な解釈で売買をしていたのです。
　待つことと同様に損切りというのも非常に大切な要素です。
　損切りができないと大切な資金をあっという間に失うことになります。
　損切りができない理由として次のようなことがあげられます。
　「金銭的な損失を負ってでも自分が間違っていたことを認めたくないから」。
　自分自身の考えを正当化したいがために損切りをしないのですね。
　常にエントリーし続けるというのはこれと同じなのです。
　「建玉を持っていないと臆病だと思われるのではないか」と考えてしまうのです。誰もそんなことは思っていないのですが、自分に対して「エントリーし続ける度胸」がないと思うことが嫌なのです。
　そして、エントリーせずにいたときに、たまたま思っていたとおりに株価が動いたときは、それをひどく悔やみ、次からは絶対にチャンスを逃すまいと考えるようになり常にエントリーをし続けるようになってしまいます。
　このことは、この本を読んでいるあなただけのことではありません。相場に

参加している人の多くが体験していることです。もちろん私も経験していますのでみなさんの気持ちがよくわかるのです。

登山家の野口建さんは次のように言っていました。

「八合目まで登っていても天候の悪化を感じて下山することを決断することもある。そのほうが闇雲に登山を続けて遭難するよりも一段高い勇気が必要なのです」。

私たちも「エントリーしない勇気」という考えを持つべきなのですね。

相場に参加している多くの個人投資家は「待つこと」ができないのではないでしょうか。

デイトレードの場合だと少しの動きを利益に変えなければならないと考え、常にチャンスだと感じてしまうようになります。

しかし、デイトレードでもチャンスは1日に1回から2回程度しかやってきません。

そのチャンスをしっかりと待つことができるトレーダーだけが相場の世界で生き残っていくことが可能なのです。

相場で安定的に利益を上げている人はすべて「売るべし・買うべし・休むべし」をしっかりと実行している人です。

そして相場の原理原則のとおりに売買をしている人です。

相場に参加する場合には「儲かる・儲からない」という考えではなく「上達している・上達していない」という考えを持ってみてください。

相場に対する感覚が変わってくると思いますよ。

③ わからないときは待つ

◎**相場は、やればやるほどお金になるというものではない**
　「待つ」ということはとても重要です。
　相場の動きがつかめないとき、わからないときは休んでチャンスを待ってください。
　相場なんてものは不確定要素が多く、どのような動きになるかなんて誰にもわからないのです。そのわからない動きの中から私たちは利益を上げていかねばならないのです。
　自分の考えが曖昧なまま闇雲に売買を繰り返しても利益につながる可能性は低くなります。可能性の低い状況で売買をしても儲かるはずがありません。
　自分の考えをしっかりと持ち自分自身で納得した上で売買を行えば相場が難しいと感じることはなくなります。安心してとまではいかないかもしれませんが、余裕を持って売買を行うことができるようになります。
　つまり、「休むも相場」ということです。
　「休むも相場」この言葉を何回も書きますがとても重要なことですので、しっかりと頭の中に入れておいてくださいね。
　では、どのくらい休めばいいのかという疑問が出てくると思います。
　デイトレードをされている方の場合、チャンスがこなければ1カ月でも2カ月でも待つのです。
　えっ、そんなに待つの？　と思ったあなた。相場中毒かもしれませんよ。
　チャンスがこなければ来るまで待つのです。
　この本を読んでいる多くの方は兼業トレーダーだと思います。本業があり収入があり、相場をやらなくても生活ができる状況にあるでしょう。
　そうであるならば、チャンスが来るまで待っていても生活に困ることはありません。
　相場は副業である以上、利益を得られるものでなければなりません。損失を出すためのものではないのです。

相場は普通の職業とは違い、やればやるほどお金になるというものではありません。
　ですから、利益になる可能性が高い場面がやってくるまではいつまでであろうと待ち続けなければならないのです。

　例えばあなたが野球をやっていてバッターだったとします。一流のバッターというのはピッチャーが投げたボールをすべてヒットにするのではありません。すべてのボールをヒットにしようと思いバットを振るとほとんどの場合がアウトになってしまいます。
　ストライクゾーンに来たボールに対しても同じです。ストライクゾーンだからといってすべてのボールを打ちにいっているようだと、多くのヒットを打つことはできません。
　自分の得意なボールだけを打てばいいのです。ヒットが打てるボールだけを打てばいいのです。
　野球ではストライクを3回見逃すとアウトになってしまいますが、相場では打てないボールを何回見逃しても決してアウトになることはありません。
　いつまででも待つことが可能なのです。
　絶好球が来たとして見逃してもアウトにはならないのです。利益にも損失にもならないだけです。
　次に絶好球が来るのを待っていればいいのですね。
　相場の原理原則やセオリー、手法、パターンなど自分がヒットにできる打法の引き出しを少しずつ増やしていけばよいのです。
　野球よりもずっと有利なんですよ。
　少しは気が楽になってきたでしょ。

④ 得意なパターンを待つ

◎相場に100％はない

　負けるトレーダーの悪いところは、その時1回のトレードがすべてだと思うことです。トレードとは売買を何回も続けていく連続の中で、どう行動すべきかを考えることです。

　相場の原理原則をしっかり頭の中に入れて理解していれば、トレードにおいて多くの場合、利益を得られる可能性が高くなります。あとは、自分に合った時間軸と基準を持ち、リスクをとって売買を繰り返し、適切なマネーマネージメントを行えばいいのです。

　私たち人間は神様ではないのですから、勝率100％の売買や底から天井まですべてを常に利益に変える売買はできないのですね。

　デイトレードで売買を行う場合であれば、一日の値幅は100円から200円程度になります。その200円の値幅のうち半分の100円取れれば名人・達人と呼べるでしょう。玄人で200円の三割の60円利食いできれば、めでたし大成功といった感じでしょう。

　私たちの行う相場に100％はありません。

　たとえ得意なパターンのチャートになったとしても、毎回毎回同じ動きにはなりません。似たような動きになることはあっても全く同じチャートになることなどないのです。

　以前にあったパターンと同じパターンになることもあるよ、という方は逆に考えて見てください。

　以前あったパターンと全く同じ動きになるためには、多くの条件が必要です。
　まず以前と同じ参加者でなくてはいけません。しかもその参加者がその前のときと同じ考えで同じように行動しなければなりません。

　こんなことはあり得ませんよね。つまり、1回1回の取引は、ランダムと思

ってもいいということです。

◎過去の検証が必要な理由

　相場を行う上で起こる不確定な個々の事象から安定的に収益を得るためには、数をこなすことです。その数をこなす上で大切なことは自分に有利になる可能性、つまり利益になる確率を味方につけることです。

　カジノの経営者と同じように、確率が有利なことを繰り返すことによって収益を得ることができるのです。

　このことを本当に理解すると、1回のトレードに対する価値が非常に低くなります。今まで、損切りができなかった方、利食いができなかった方など、売買ルールを守れなかった方にとって特に役に立つと思います。

　では、同じパターンにならないのならば、過去の検証をして売買しても無駄なのかということになりますが、そうではありません。

　なぜなら、勝てる可能性は100％でなくてもいいのです。

　ある決まったルールでエントリーし、その売買を繰り返した場合に合計収支がプラスになるのならばそれでいいのです。

　例えば、次のような場合を考えてみてください。

1）複数回売買をして勝率が60％で、配当が2倍になる取引
2）複数回売買をして勝率が50％で、配当が2.5倍になる取引

　仮に10万円の所持金があり1回の売買で1万円を使い、10回の売買をした場合について考えてみましょう。

1）の場合
　10回の売買で勝率60％ですから6勝4敗になります。
　6勝で6万円使って2倍の12万円の配当になります。
　4敗で4万円使って4万円の損失なので手元には1円も残りません。
　合計で12万円の現金が残りました。つまり2万円の利益になります。

2）の場合

　10回の売買で勝率50％ですから5勝5敗になります。
　5勝で5万円使って2.5倍の12.5万円の配当になります。
　5敗で5万円使って5万円の損失なので手元には1円も残りません。
　合計で12.5万円の現金が残りました。つまり2.5万円の利益になります。

　上記の条件のように、一定の数をこなせば確率的に有利になるルールを作成するために検証が必要なのですね。
　検証の結果、確率的に有利なパターンを見つけることができれば後は同じように売買を繰り返せばいいだけです。
　確率的に有利なパターンであれば、そのうちの1回や2回思ったように動かないからといって悩んだり損切りを躊躇したりする必要はありません。
　大切なのは、1回ごとの勝ち負けではなく、確率の優位性を守れるように決められた定石・原則・ルールを守ることです。

◎暇な時間帯は読書タイム

　あなたは相場に参加していて、一日の値幅が狭く株価がほとんど動かない時期はどうしていますか。値動きがないにも関わらず、パソコンの画面をじっと睨みつけ、「動けー動けー」とイライラしながらパソコンの前に座って1日を過ごし、場が引けた後に無駄だったと感じるのでしょうか。
　それとも、動かないときは動かないのだから無理してエントリーせず待とうと考え、こういう状況もいい経験として役立てるのでしょうか。
　どちらを選ぶのも個人の自由であり個人の考え方ひとつです。
　相場が動かないという事実は事実として目の前にあるだけです。それをどう感じるかなんですね。
　例えば、Sちゃんという女の子がいたとします。Sちゃんは犬を見て「すごく可愛い」と言いました。でも、Mちゃんはその犬を見て「恐い」と言いました。
　同じ犬を見ても「可愛い」と感じる子もいれば「恐い」と感じる子もいるのです。一匹の犬がいるという事実だけがそこにあり、それをどう感じるのか、ど

う思うのかはひとりひとり違うのです。

　異性を見る場合でも同じですね。Sちゃんという女の子がいました。RくんはSちゃんを見て「可愛い」と言いました。でも、Tくんは「普通じゃん」と言いました。

　ひとりの女の子がいるという事実だけがそこにあり、Sちゃんを可愛いと感じるのか、普通だと感じるのかは人によって違うのです。

　つまり、相場が動かないという事実だけがあり、それを無駄な時間と考えるのか有意義な時間と考えその後の相場につなげることができるのかはあなた次第ということです。

　相場が動かないという事実を有意義な時間と考えることができれば過去の相場の検証をしたり、自分の売買ルールを見なおしたりするにはいい機会だと言えます。

　また、相場だけではなく違うことに時間を使うこともできます。私は朝一で、その日はエントリーチャンスがなさそうだと思えば、本を読んだり子どもと遊んだりしています。バイクや車で近くの山に走りに行ってしまうこともよくあります。

　時間はすべての人に対して平等に与えられています。その平等な時間をどう使うかで人生が楽しくもなり、つまらなくもなるのではないでしょうか。

　相場に限らず、自分でどう考えるかというのは自由ですから前向きに考えていきたいですね。

　実際、動かない時期の相場を経験することも大切だと思います。

　2008年の激動の相場もあれば、全く値幅のないときもあるのですね。

　たしか2005年も値幅が非常に少ない時期があったと記憶しています。そのときも、「動かないな〜」と思っていました。

　逆に2008年の一番動いたときなんかは、数分で100円動いていましたし5分軸の調整と言っても、数百円動くときもあるという相場でした。

　そういったことも一度経験しておくと今の相場もそのうち動くだろうと、考えることができます。

　すべての機会を自分にとってプラスの時間と捉えると楽しくなりますよ。

　動かないからといって焦ってエントリーすることなく余裕を持って相場に臨んでいきたいと思います。

⑤ 調整には、時間の調整と価格の調整がある

◎調整が入る理由

　トレンドを確認した後は調整の動きを確認することになります。
　調整というと株価が上昇した後の下落を思い浮かべる方が多いと思います。
　逆に株価が下落した後の上昇を思い浮かべるかもしれませんね。
　実は調整には、価格の調整と時間の調整の2つがあります。
　図15をご覧ください。

図15

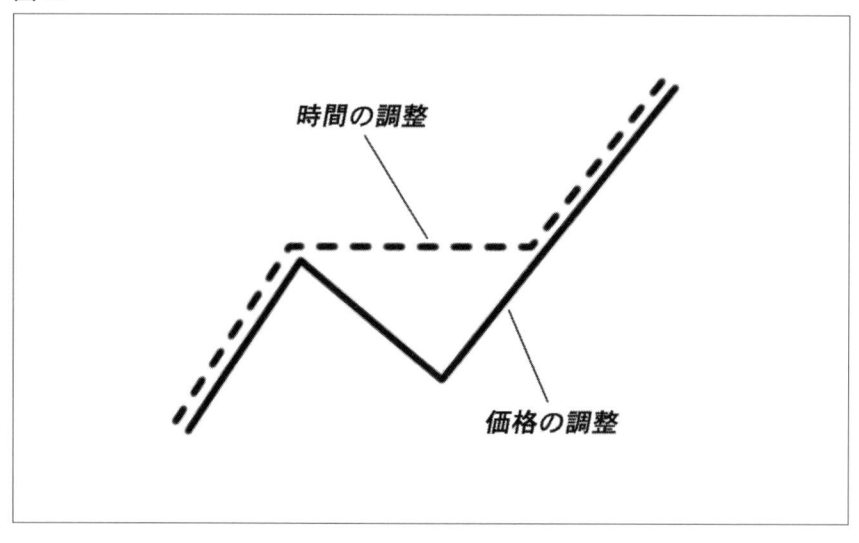

［図：上昇トレンドに対する調整を示す図。実線が価格の調整、点線が時間の調整を表す］

　図15は上昇の動きに対する調整を表しています。
　実線の動きが価格の調整です。
　点線の動きは時間の調整です。
　そしてこの図にはありませんが、時間の調整と価格の調整が合わさって進む調整もあります。

また、価格の調整と言っても価格だけが下がるのではなく、当然時間も経過しますので、価格が主になる調整と捉えてください。時間の調整も同様に、まったく価格が動かないわけではないので、時間が主になる調整ということになります。

　上昇相場でも下落相場でも調整というのは株価が行き過ぎたことによる修正のことです。一方的に株価が動いたのでその動きに対して調整が入るということです。

　なぜ調整が入るのかというと、一方的に上昇しているとある価格帯で利食いの売りや損切りの売りが入ります。その売りに対してもう相場は終了して反転するのではないかと考える参加者が出てきます。それらの参加者も利食いによる売りを行うのです。そしてそれらの売りが終了すると再びトレンド方向への力が強くなるのです。

　この途中で降りる参加者の行動が調整を呼ぶのです。

　調整というのはあくまでも強い動きに対する反トレンドの動きです。

　「行き過ぎた押しに対する調整」というのはありません。

　このような現象になっているときは調整ではなくトレンドが転換しています。

◎価格の調整の後は時間の調整になりやすい

　上昇の場合を例に詳しく説明します。

　上昇していた株価が、一旦天井を付け調整（下落）に入ります。

　早く売りたい人が多い状況になると価格の調整が起こります。

　早く売りたいという状況は、例えば下落転換から上昇転換になるときです。

　下落転換から底らしくなった後、第一段目の上昇が開始します。この時点ではまだ上昇に転換したかどうかは、参加者は確信が持てませんのでいつ元に戻り下落するかもしれないと不安な気持ちでいます。

　少しくらい安い株価になっても利益があるうちに売ってしまおうと考えるのです。

　次ページの図16をご覧ください。

図16

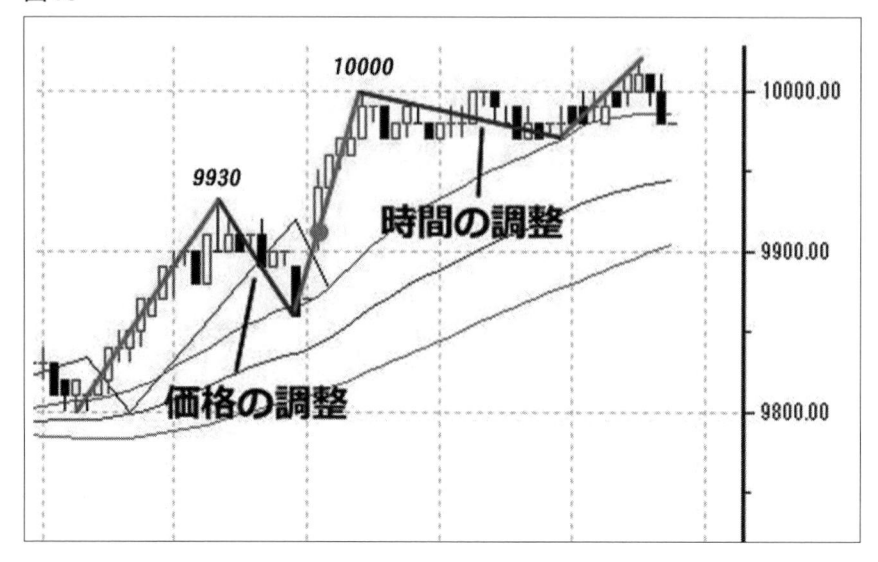

　図16で見ると最初の上昇は、9930円まででした。
　図には出ていませんが9920円が直近の高値でした。
　直近の高値が9920円ということもあり、9930円は1ティックのみのブレイクなのでこれ以上上がらないのではないかと考える人や高値更新で目標達成したという感覚を持っている買い方の利食いも出てきます。
　そして株価が下がりだすと、「やっぱり下か。それなら早く売らないとダメだな」と考える人が多くなります。よって、図のような感じで価格の調整になってきます。
　しかし、その後の動きは9860円で下げ止まり上昇し、あっさりと9930円の高値を更新しました。
　価格の調整が完了して再び上昇を確認すると参加者の意識がガラっと変わります。
　9860円から2回目の上昇で高値を大きく更新しているので買いポジションを持っている人は、強い相場だと考えまだまだ上があると思います。そうなると安く売ることは考えずにもっと高値で売ろうとします。

よって利食いの売りは出てきません。利食いの指値もさらに上で待つことになります。
　利食いしたい人はすでに一回目の価格の調整の時に返済しています。
　多くの参加者が強いと感じているので、まだポジションを持っていない人は少しでも安くなれば買いたいと考えます。
　売りたい人は少なく、買いたい人が多い状況となっているので、少しでも下がれば買いたい人が買い指値を入れるので株価は下がらずに時間だけが経過します。
　その状態が時間の調整になります。
　そして多くの人がもう下がらないと感じた後に売り玉はなくなり買い玉だけが増えることになり株価は調整を終えて上昇し始めます。

　このように参加者の心理がチャートに表れるのです。このように考えるとチャートを見ることがさらに面白くなりますね。
　この図にあるように最初に価格の調整が起きた後の調整は時間の調整になるというのがお決まりのコースです。
　価格の調整の後、また価格の調整になるのなら、売りたい人が多いか、上値を見込んでいる人が少ないと考えられます。
　価格の調整の後に買うのであれば押し目を待たずに買う必要があります。
　押し目待ちに押し目なしの状態になるからです。

⑥ 無駄打ちを減らす

◎無駄打ちとは

　相場においての無駄撃ちを減らすことについて考えてみましょう。
　相場での無駄撃ちというのは、損益がマイナスだから無駄なエントリーという意味ではありません。
　無駄打ちとは次のようなときのことです。

- チャートを見ていてシナリオも立てずに急に売買できると考え思いつきでエントリーしてしまった。
- 自分のエントリーの条件に達していないのに、待ちきれずにエントリーしてしまった。
- 板を見ていたら、株価の動きに勢いがあるので思わずエントリーしてしまった。
- 負けを取り返そうとして無理やりドテンした。またはナンピンした。
　などなど。

　このように、前もって考えていなかったエントリーということを指しています。
　なぜ無駄打ちを減らさなければならないのでしょう。
　それは上記のような理由でエントリーした場合、結果は損失になることが多くあるからです。
　また、思いつきで売買したときなどはバイアスがかかり正常な判断ができなくなります。そうなるとロスカット価格になったとしてもロスカットすることができなくなるのです。

◎エントリーしないで２週間以上過ごしてみる

　無駄撃ちを減らすためには、

「戦略を前もって立てておき、それ以外のエントリーはしない」
ということが重要です。

自分がエントリー過剰になっていると感じるのであればエントリーしないで2週間以上過ごしてみてください。

そのときにチャートなどは見ないのではなく、いつものとおりに見るのです。

エントリー過剰の人はこの時点でイライラしてエントリーしたくてたまらなくなるでしょう。このように毎日エントリーしていた人が、エントリーしないことを実践すると最初はきついのですが、1週間も過ぎてくるとエントリーしないことに慣れてきます。

そして2週間経つと、エントリーしなくても平気でチャートを冷静に見ることができる自分に気づくことができます。

そのような状態になった後では、簡単な局面だけエントリーして分割売買を利用し少しの値幅を利益に変えられることがわかり、さらに月を通じて十分プラスになるとわかれば、無駄なエントリーは自然となくなってきます。

私たち個人投資家はディーラーのように、毎日参加して利益を上げる必要はありません。

なんとか理由をつけて、エントリーしてやろうという感覚でチャートを睨み付けていませんか？

どんなチャートでもエントリーできる理由を探すのです。そしてエントリーするか悩みます。

悩んでいる間に株価の動きに勢いが出てくると、飛びつき買いをしたり、予定にないエントリーをしたりします。そういう売買のときは、ロスカットも曖昧になるので、ロスカットも実行しにくくなります。

「無駄撃ちをなくす」

これすごく大切です。

最初は無駄打ちもあるでしょうけれど本やセミナーを通じて相場を学んでいきながら徐々にエントリーの精度を上げたり、知識の幅を広げたりすればいい

のです。
　まずは、相場中毒から脱却する。無駄撃ちをなくす。
　このことを考えていくのがよいでしょう。
　最後に大切なのでもう一度。

「戦略を前もって立てておき、それ以外のエントリーはしない」。

　ぜひ守ってくださいね。

第3章

エントリータイミングの基本と応用

〜期待値が高いポイントを見極める〜

① 曖昧な理由でエントリー、利食いしていないか

◎前提条件をしっかり決める

　自分の手法が固まっていない人というのはエントリーする理由や利食いをする理由というのが曖昧になっていることが多いのです。エントリーする前提条件や利食いをする前提条件が決まっていないのですね。
　エントリーするためにはトレンドが上昇トレンドであり、しっかりと調整を確認し、反発したから買ったというような定石を踏まえた理由が必要なのです。
　ある程度相場の経験を積んだ人でもこのような人は多いと思います。まして や初心者の方でしたらなおさらでしょう。
　「1時間前はこの値段だったのに、そこから100円も下がり安くなったからお得だろう。よし買おう」。
　「上昇の勢いがあるからもっと上がるだろう。ここで買わないと乗り遅れてしまう」。
　などという理由になってしまうのです。
　エントリーした理由が説明できないのですから、当然利食いをする理由もないでしょう。「株価がここで止まりそうだから利食いをした」とか、「下がりそうに見えたから利食いをした」などという曖昧な理由によって利食いをしているのではないでしょうか。
　そして初心者の方に多いエントリーがブレイクによるエントリーです。
　直近の抵抗線を突破したブレイクというのは、目で見てすぐにわかるので仕掛けやすく感じるのですね。
　このブレイク売買というのは多くの相場の書籍で推奨している売買法でもあります。FXの書籍などでも多く紹介されています。以前有名になったタートルズの手法もこのブレイク売買ですね。
　このように有名になったものがあると、それを実行しようと考える人が多くなるのでしょう。しかし、実際にブレイク売買を繰り返しされた方でしたらわかると思いますが、勝率はさほど高くないのです。

ブレイクにはさらに上値が伸びるブレイクとだましになるブレイクがあり、だましにならないブレイクでもその後の高値が限定的になることが多くあります。ですから十分な値幅の利食いができない場合が多いのです。
　エントリーするためには定石を踏まえた理由が必要ですが、利食いにも同じことが言えます。また、含み損が膨らんできたときにロスカットをしなければいけないという時期が来ますが、そのロスカットをする明確な理由も必要です。
　では、利食いをする理由とはどのようなものでしょう。
　まず、考えられるのは分割売買での利食いという理由です。
　私は分割売買という手法を使用していますので、利食いは一括で返済するのではなく建玉を分割で返済していきます。
　分割売買を行う目的というか理由というのはある一定の利益を確保するためです。分割利食いで1回の利食いができると精神的にとても楽になります。この精神的に楽になるというのはとても大きなことです。
　そして複数枚での仕掛けをし、分割で返済をすれば必ずしも天井で返済する必要はありません。
　1枚だけのエントリーだと返済した後に株価が上昇すれば損した気分になります。逆に返済しようとしたけれど返済しなかった場合、株価が下がると損した気分になります。そして焦って返済したりするのです。
　自分が利食いした後に株価が上昇するとさらに上があるのではないかと考えるようになり、追っかけて買ってしまうという行動に出たりもします。このような行動を取ると結局トータルの利益はほとんどなくなり最後には損失のほうが多くなってきます。
　1枚だけのエントリーだと仕掛けの位置も正解、利食いの位置も正解でなければ利益につながらなくなります。頭から尻尾まで全部を利益にしたいという気持ちが非常に強くなるのです。
　しかし複数枚売買だと、正解である場所から少しずれたとしても利益を取って精神的に安定することができます。利益を確保したまま残った玉をもう一段上まで引っ張ることも可能になります。複数枚で売買をすればストレスが少なくなるということです。

② エントリーは宝探しゲーム

◎なぜ、エントリーが遅れるのか

　よく相場の相談を受けることがあります。
　その中には、
　「いつもエントリーが遅れる」
　という相談が多くあります。
　このエントリーが遅れるということは次のように考えることができます。
　「宝探しゲーム」があるとします。
　宝はどこにあるのかわからないのでいくつかあるヒントを元に宝を探しに行く方向を決めました。しかし、その方向が本当にあっているのかどうかはわかりません。
　そこで、その方向があっているのか間違っているのか多くの情報を集めて方向があっているであろう可能性を高めます。
　ある程度情報を集めましたので、宝探しに出発する準備が整いました。
　この時点で、宝探しに参加するかどうかを選択することができます。
　ゲームに参加するかしないかは自由で、ここまでの情報を持っての参加費は、3万円です。
　最終目的地まで到着し、宝を見つけることができると合計18万円がもらえます。今よりももっと情報を集めることはできますが、参加費はだんだん高くなっていきます。
　このことを相場に置き換えると次のようになります。
　最初の目指す方向を決めるというのは、**トレンド判断**です。
　この本の最初のほうでも3つのトレンド判断を紹介しました。
　この時点では参加しません。
　宝がある方向の精度を高めるのが**調整の動きを確認**することです。
　調整の勢いが強ければ、参加しないことも選択できます。
　ここまで確認しておけば、あとは参加費を払って参加するのみです。

ここでもう一度方向を確認する必要はありません。リスクをとって参加するだけです。
　このときのリスクというのは、参加費のことですね。
　相場で言うと、ロスカット価格ということになります。

◎安心感を求めてはいけない

　何かを行うときに、より多くの情報を集めておきたいと思うのは当然です。しかし、より多くを知ろうとする必要はないのです。
　より多くを知ろうとしないで知的に行動することができれば、その人の所にお金は集まってくるのです。
　エントリーをする前により多くを知ろうとする人は常に出足が遅くなり負けるべくして負けるのです。
　トレーダーとしてマーケットに対する安心感を求めてはならないのです。
　すべての事実関係を知ることができた頃には収益機会など残っていないのですから。
　つまり、「トレンドの確認とエントリーは違う」ということなのですね。
　エントリーするときに、トレンドを確認しようとすると行動が遅れます。
　エントリーするときになってから調整を確認しようとすると行動が遅れます。
　そうなると結局ブレイクでなければエントリーできなくなってしまいます。
　なにも「大天井を売れ」「大底を買え」と言っているのではありません。
　私の推奨している手法は順張りです。
　トレンドを確認して、調整の動きを待って、トレンド方向に動く時にエントリーするのです。
　エントリーする前にトレンドの動きと、調整の動きの2つを見ているわけです。2つの情報を見ている段階でエントリーするかどうかは決めています（結局見送るときもあります）。
　あとはいつエントリーするかだけとなっているのですね。
　あとは、リスクとリターンを考えて有利な場面でエントリーすればいいのです。

エントリー前は最低限の確認のみで必要以上の確認をするべきではありません。

もう一度、宝探しゲームに話を戻しますね。
宝を見つけるともらえる金額は合計18万円ですが、宝のあるゴールまで行かなくても第1チェックポイントまで到達できると3万円もらえます。
つまり、ここまで行くと、参加費を回収することができるのです。
さらに、第2チェックポイントまで行くと6万円もらえます。
ここまで来るとここで脱落してもプラスが確定しています。
そしてゴールすると、9万円もらえます。
もう一つあります。
第1チェックポイントまで行けなくても、自ら降参することができ、その場合は、参加費の半分が戻ってきます。
このゲームってとてもお得だと思いませんか。
後から出てくる分割売買というのはこのゲームなのです。
この方法で宝探しゲームを行えば多くの利益を得られるようになります。
相場というのは考え方ひとつ、やり方ひとつでとても楽しく利益を上げることのできるゲームなのですね。

③ エントリータイミングはここだ!

◎6つのエントリータイミング

　ここではエントリータイミングの基本と応用について見ていくことにしましょう。

　私は日経225先物の売買をメインにしていますので日経225先物を例にして説明します。

　この方法はFXや商品先物でも利用することができますので参考にしていただければ幸いです。

　エントリーのタイミングを細かく分けると次の6つの方法に分けることができます。

1. 直近の高値を突破したとき
2. メインの時間軸の足のローソク足をブレイクしたとき
3. メインよりも短い時間軸の足のローソク足をブレイクしたとき
4. 30円動いて20円の指値（安値から30円上昇した後、その10円下で指値）
5. 20円動いて10円の指値（安値から20円上昇した後、その10円下で指値）
6. 指値で待っておく（下げているところを指値で待つ）

　81ページの図17をご覧ください。

　1〜6のエントリーを図で表すとこのようになります。

　この1〜6の中で基本となるのは2番と3番のエントリータイミングです。

　これらのエントリータイミングそれぞれの特徴は次のとおりです。

1. 直近の高値を突破したとき（ブレイクエントリー）

　直近の高値のブレイクを持ってトレンド方向に動き出したと判断するということです。

　ブレイクのエントリーはロスカットが遠くなります。なので、初心者は損失を受け入れてロスカットができずに損失がさらに大きくなったり、ナンピンになっ

たりと、どんどん深みにはまってしまう可能性が高くなります。注意が必要ですね。

2. メインの時間軸の足のローソク足をブレイクしたとき

足の高値ブレイクをエントリー条件にする方法です。

足のブレイクをトレンド再開の合図にすることによって、早くエントリーしようとする方法です。

足のブレイクをするだけの動きを確認してからになるので、心理的にもエントリーしやすく調整完了と思ったらまだ調整だったというだましの確率が減ります。

3. メインよりも短い時間軸の足のローソク足をブレイクしたとき

3のタイミングは、2のタイミングよりも短い足のブレイクを利用する方法です。2のタイミングより早くエントリーできることになるので、2のタイミングよりもロスカットが小さくできます。

こちらも足のブレイクを合図にするので心理的にエントリーしやすいです。

ただし、だましにあう確率は、2よりも高くなります。

4. 30円動いて20円の指値（安値から30円上昇した後、その10円下で指値）

4のタイミングは、ブレイクではなく、価格の動きだけでトレンド再開の合図にする方法です。

例えば9000円まで調整して9030円が付いたときに、9020円で指値をするということです。したがって、安値から20円上で買うことになります。

ロスカットは、9000円が安値でなかったときになるので8990円がロスカットになり30円がロスカット幅ですね。

これの利点は、ロスカットになっても小さな損失ですむということです。

ただし、安値と判断する精度が低いとだましが多くなります。

5. 20円動いて10円の指値（安値から20円上昇した後、その10円下で指値）

5のタイミングは、4のタイミングよりもさらに10円安く買う方法です。

図17

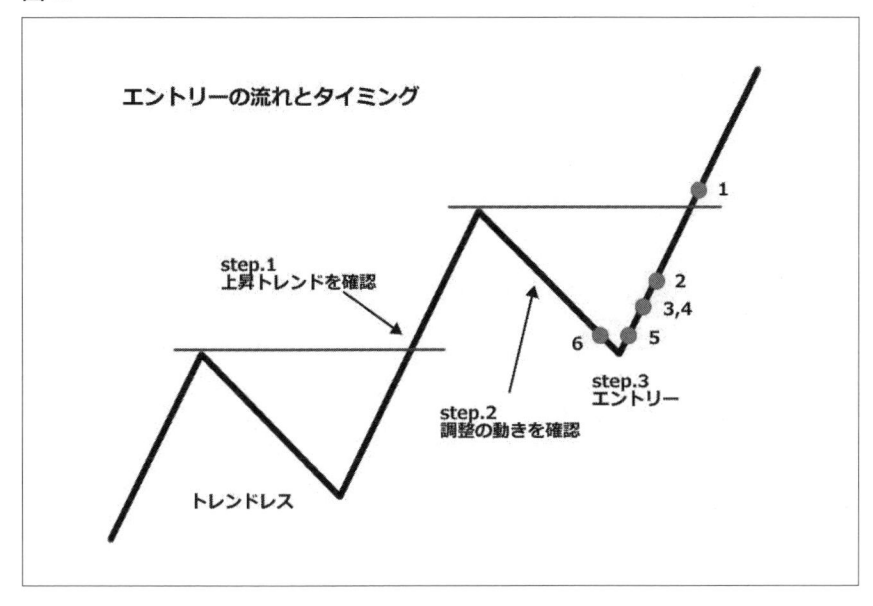

```
エントリーの流れとタイミング
```

(図：上昇トレンドのチャート。step.1 上昇トレンドを確認、step.2 調整の動きを確認、step.3 エントリー。ポイント1,2,3,4,5,6が示されている。トレンドレス区間も表示。)

　上級者用です。
　5のタイミングでのエントリーになると、20円の反発だけでエントリーになるのでどちらかというと逆張りの部類になります。
　大きいトレンドは、順張りですが、エントリーが逆張りということですね。
　ただしこの後の6番と違い、20円の確認があるので一気に売られる場合は見送りになりますし、板の状況、その時の場味などを加味することができます。
　最小限の確認はできるということですね。

6. 指値で待っておく（下げているところを指値で待つ）

　こちらも上級者用です。
　6のタイミングは完全に逆張りですね。ただし大きいトレンドで見ると順張りになります。
　うまくいけば短い時間軸での底で買うことができます。
　早めに指値を入れておけば、約定の順番も有利になりますね。

ただし、指値が届かないと約定しませんし、一気に下がると買ってすぐにロスカットになる危険性が高くなります。
　さらに、ロスカットの設定をきっちりしておく必要があります。

◎エントリータイミングを使い分ける

　上級者用と書くと、まだ私には早いと思うかもしれませんが、いつも同じエントリー方法を使う必要はありません。
　例えば、強い支持線があり、高い確率でその支持線で反発することが予想されるとするならばいかがでしょうか。
　ブレイクまで待つよりも少しの反発でエントリーしたほうがいいと思いませんか。
　私の手法は後で説明する分割売買という武器があるので仮にエントリーした後に、あまり上昇できなくても1回目の利食いができるとトントンで逃げることができます。
　また値動きが少ないときに、2のタイミングである足のブレイクでエントリーとなると、そこから利食いできるだけ動くという可能性が低くなります。
　そういう場合は、4のタイミングでのエントリーでも十分トレンド方向に動き出したと判断することが可能でしょう。
　そして、1のタイミングである直近高値のブレイクエントリーというのも状況により武器になります。
　これらを使い分けることによって、柔軟な対応ができるようになります。
　多くのチャートを見て各タイミングでのエントリーを見てくださいね。

④ 期待値が高いポイントでエントリーする

◎期待値が高い地点の見分け方

エントリーする際にはトレンドを確認し、調整を待つということでした。

なぜトレンドを確認して調整を待つのでしょう。

それはこれらのことを確認することによりエントリー後の利益になる可能性が高くなるからです。

言い方を変えるとトレンドを確認して調整を待った後にエントリーするのはエントリー後の期待値が高いエントリー地点ということになります。

期待値が高い地点というのは次の3つの条件をすべて満たす地点です。

- ●大きな利食いが見込める所
- ●小さな負けですむ所
- ●勝率が高くなる所

相場では絶対に利益になるエントリー地点はありません。

前もって今後の株価の動きがどうなるかということは誰にもわからないのです。しかし、上記のようなことを念頭に相場の組立を考えておくことはできます。

私の場合、日経225先物のデイトレを行う場合であれば、基本的に100円の値幅を狙える動きを考えています。

ロスカットの設定幅を30円とすればロスカットと利食いの比は、

ロスカット幅 30 ： 利食い幅 100 ＝ 1：3.3

になります。

そして私は分割利食いを取り入れて売買を行います。

利食い幅を30円刻みにした場合100円の利食い幅を設定していれば3回の利食いができることになります。

1回目の利食いが+30円、2回目の利食いが+60円、3回目の利食いが+90円となります。

平均すると+60円の利益になりますので、**ロスカット幅1に対して利食い幅2の1：2**になります。

一日の値幅が狭く30円刻みでの利食いができないこともあります。

このようなボラが低いときは利食い幅を20円刻みにします。

その場合は+20+40+60+80+100となり5回の利食いを想定します。

この場合の平均も先ほどと同じ60円になりますので、ロスカット幅と利食い幅の比は、1：2になります。

◎値幅を狙える動きのパターン

ここでは100円の利食いができたと想定して書いていますが、もちろん毎回100円の利食いができるわけではありません。毎回100円の利食いができるのであれば分割利食いをする必要はありませんね。

100円幅の利食いまでいかないこともありますが、逆に100円以上の利食いが可能な場合もあります。その場合には平均利益は60円以上ということになります。

ロスカットに関しては最悪の場合のロスカットが30円ということであり、必ず30円でロスカットをするわけではありません。

値動きがおかしいと思えば途中で逃げたり、半分を返済したりしますので毎回-30円になるわけではありません。平均すれば30円よりもかなり小さな損失で抑えることができます。

通常の相場の動きで100円幅を狙える動きを基本として売買の組立を考えると15分足という時間軸を使うのが一番私には合っています。

このことから私は日経225先物のデイトレを行う場合には15分足という時間軸をメインに使用しています。

15分足での短期波動の値幅は100円以上になることが多くなります。

この100円以上動くというのはもちろんトレンド方向への動きのときです。トレンド方向への値幅と反トレンド方向への値幅を比較すると当然トレンド方

向への値幅のほうが大きくなります。これは当然のことですね。

　なぜ？　と思われる方は多くのチャートを見て確認してみてください。必ずと言っていいほどトレンド方向への値幅のほうが大きくなっているのが見て取れます。

　この値幅を狙える動きというのを具体的に見ると代表的なものは次の3つになります。

●15分軸の調整からトレンド方向への動き
●60分軸の調整からトレンド方向への動き
●60分軸の調整の動き

　15分軸と60分軸のトレンド方向への動きはすぐに納得いくと思います。
　60分軸の調整の動きでは疑問に思うかもしれませんね。
　しかし、60分軸の調整でも値幅は十分にありますので100円の利食いを想定することは可能になります。なぜなら、このときの15分軸を見ると多くの場合調整ではなく転換していることが多くなるからです。
　他にも100円幅の利益を見込める動きもあります。
　例えば高値を更新しているようなトレンドが強い動きのときです。
　この動きのときは、5分軸の調整からトレンドの動きになったとしても値幅を伴って上昇する可能性が高くなるので、

●5分軸の調整からトレンドの動き
●15分軸の転換の動き

　この2つの動きを利益に変えることができます。ただし、この2つの動きに関しては基本の売買ではなく応用の売買となります。
　応用の売買なのですが、2番目の転換の動きを捉えることができると大きな値幅を利益に変えることができるようになります。
　これらの動きを狙うことにより多くの利益を得るチャンスが訪れるのです。

⑤ 有利な場面だけ参加する

◎長い時間軸のトレンドに沿った売買を行う

　相場で利益を上げるためにはいつでもエントリーすればいいということではありません。利益になる可能性の高い場面だけ参加すればいいのですね。

　わざわざ利益になる可能性の低い場面で参加する必要はありません。私たちは人に技術を自慢するために売買を行っているのではなく、自分の資金を増やすために、自分の生活を楽しむために相場を行っているのです。

　同じようなことを何回も繰り返して書きますが、言い方を変えて書くと話がつながってくるようになりますので飛ばさずにお付き合いくださいね。

　次の状態を頭に浮かべてみてください。

　大きな流れ（長い時間軸）のトレンドが上昇トレンドだとすると、それよりも短い足での「高値安値切り下げ」は大きな流れに対しては「反トレンド」ということになり「調整」「押し」の動きだと考えられます。

　上昇というトレンドが継続するのであれば、反トレンドは一時的な動きであり、調整終了後には元のトレンドに戻るというのが「順張り」の考え方です。

　長い時間軸の上昇トレンドにおいて短い時間軸の高値安値切り下げの動きが終了すれば「再上昇開始」となるのです。

　つまり、そのポイントで買ったら利益につながる可能性が高い有利な売買ができるのではないでしょうか。

　長い時間軸の上昇トレンドにおいて短い時間軸の足の高値を切り下げる動きがあったということは、買うことのできる条件が整ったということになります。

　買うための条件が整ったときに買うのが正しい逆張りです。

　私の手法は順張りであると言っているのに、ここでは逆張りでエントリーするとなっています。

　なんか矛盾するように感じますよね。

　でも、矛盾ではないのです。

　なぜかというと短い時間軸では逆張りに見えても長い時間軸においては順張

りなのですね。短い時間軸と長い時間軸とでは長い時間軸のほうが信頼性が高くなります。

長い時間軸のトレンドに沿った売買を行うほうが利益になる可能性が高くなるのです。

ですから、短い時間軸で逆張りになっても長い時間軸では順張りになるのであればエントリーをすることになります。ただし、この短い時間軸での逆張りは応用になりますので、まずは基本の売買を十分に理解してから使用することをお勧めします。

◎最大の材料は値動き

では、長い時間軸でも短い時間軸でも順張りになる場合を考えてみましょう。

これはとても簡単です。

長い時間軸が上昇トレンドにあり、短い時間軸も上昇トレンドになっている場合で短い時間軸の調整があり、買うための条件がすべて整った上で実際に株価が上昇し始めたのを確認してから買うということになります。

このときに再上昇開始とならずにさらに株価が下がるようであれば、トレンド方向への動きに戻るのではなく、転換の動きかもしれないと考えることになります。

つまり、エントリー後に株価が上昇せずにさらに下落するようであればロスカットをすることになります。

上昇トレンドで買いエントリーする場合は、上昇トレンドが継続している限り買い続けることになります。買い続けなければいけないのです。

売りを考えるのは買い続けている玉がロスカットになった後でいいのです。

ロスカットになる前から転換の動きになるのではないかと考えてしまうと買いエントリーを躊躇するようになり、大きな利益になる場面を逃すことにつながります。

私は、株価の動きを最優先にして売買を行います。

それはなぜかと言うと、

●市場の動きはすべてを織り込む
●株価の動きはトレンドを形成する
●歴史は繰り返す

　この3つの条件をすべて満たしているという前提の元に、

●テクニカルは有効である

　という仮説に基づいているからです。
　テクニカルというものは完全なものではありません。
　あるテクニカルを一定の条件で使用すれば必ず利益に結びつくということはあり得ません。
　100％正しい答えを与えてくれるテクニカルは存在しないのです。
　過去を見ても聖杯なんて存在しませんし、今後も存在しないでしょう。
　テクニカルが有効になるためには、相場の参加者が株価の動きに反応することが必要です。
　株価の動きに反応するということはエントリーや手仕舞いの行動を起こすということです。
　場中に何か材料が出たとしてもそれによって相場が動くのではありません。
　その材料に対して行動する参加者が現れます。そして、その行動により株価に動きが出ます。
　この株価の動きに多くの参加者が反応することにより、株価が大きく動くのです。材料というのはニュースではなく、株価の動き自体が材料となっているのです。
　このことを例えてみると次のようになります。
　金曜の引け時点で1000円だった銘柄があったとします。
　相場的に考えると、「参加者全員が納得した株価が1000円であった」ということになります。
　この銘柄が月曜の朝には900円で寄り付いたとします。

1000円だった株価が土日の休みを挟んだだけで100円安い900円になったのです。
　このことに関して材料は何も出ていないと考えるのか、少なくとも公になっている材料はないのだが一部の参加者が材料を知っていると考えるのか。
　あなたでしたらどのように考えどのような売買をするでしょうか。
　「今の状況であれば1000円という株価が適正であるから900円はいかにも割安だから買いたい」。
　「何も材料がないのに100円も下がるというのは何か隠れた材料があるに違いない。だから900円というのはまだまだ高い株価である。800円くらいが適正であると思われるので売りたい」。
　この2つの意見は普通の意見ですね。
　「900円で売っていたのが1000円になったがようやく元の株価に戻ってきた。ここで返済すればトントンですむので買い戻そう」。
　「上げると思っていたのに想定外の下げになった。こんな銘柄よりももっと上昇するであろう銘柄を見つけたので資金を引き上げ乗り換えることにしよう」。
　このように考えて行動する人もいるでしょう。
　このような理由などどうでもいいのです。
　ここで考えなければいけないことは、

　すべての参加者が株価の動きに反応して考え行動をしている

ということです。
　つまり、**値動きが最大の材料**となるのです。

◎確率的に利益になる可能性の高い場面だけ参加する

　私は、相場の原理原則に基づいて、定石やセオリーを用いて売買を行います。
　例えば、株価が支持線である移動平均線の帯を下抜くことなく反発したという動きであれば買う絶好のタイミングということになります。

このタイミングで買うのは定石でありセオリーなのです。
　定石、セオリーに基づいて買った場合でも利益になるとは限りません。
　この場面で買って利益にならなかったとしたら、次のように考えることができます。

● 利益にならなかったのだから今回の買いは間違いである
● 今回の利益云々は別問題である。100回同じような局面があれば100回とも買うべきである。なぜなら確率的に利益になる可能性が高いからである。

　あなたはどちらの考えを支持するでしょうか。
　私は2番目の考えを支持しています。
　この考えを支持し行動すれば年間を通じて利益になり自分の資金が増えていくことを知っているからです。
　有利な場面だけ参加するというのは確率的に利益になる可能性が高い場面だけ参加するということです。
　この考えを実行することができれば必ずあなたの資金は増えていくことになります。

⑥ エントリー枚数はこうやって決める

◎2万4000円と24万円とでは、どちらがロスカットしやすい？

　今まで私は、分割売買をするとか、分割利食いをするということを書いてきました。

　分割売買をするということは、複数枚でのエントリーをするということです。

　では、複数枚の売買をする際にはどの程度の枚数を売買すればいいのでしょうか。

　ここではエントリー枚数について考えてみたいと思います。

　あなたは日経225先物の売買を行っています。

　ある日のデイトレで買うためのすべての条件が揃い、あなたは買いエントリーをしました。

　買値は9070円でした。

　ロスカットはちょっと大きめに取って8990円としました。ロスカットにかかった場合の最大損失は80円です。

　あなたは何枚のエントリーをしたでしょうか。

　日経225先物にはラージとminiがあります。

　ラージでエントリーする人もいればminiでエントリーする人もいるでしょう。

　mini1枚という最小枚数でエントリーしている人もいるでしょう。

　私の過去の本を読んでいる人は複数枚売買をしているのを知っているのでmini3枚でエントリーしている人もいるでしょう。

　資金に余裕のある人はラージ3枚や10枚でエントリーをしている人もいると思います。

　ここで質問です。

　このエントリーについてmini3枚でエントリーする場合とラージ3枚でエントリーする場合とではどちらがロスカットしやすいでしょうか？

　mini3枚がストレートにロスカットにかかると、

−80円×3000円＝−24000円
ラージ3枚がストレートにロスカットにかかると、
−80円×30000円＝−240000円

となります。
　miniだと2万4000円の損失ですがラージだと、なんと10倍の24万円もの損失になるのです。
　2万4000円の損失と24万円の損失、どちらがロスカットしやすいでしょうか？

　mini3枚、損失2万4000円のほうがロスカットしやすいと答えた人がいたとしたら、あなたは相場の世界から退場になる可能性が高いと言えます。
　損失の額が10倍も違うのだから小さい損失のほうが受け入れやすいという感覚になるのですね。
　逆に、ラージ3枚損失24万円のほうがロスカットしやすいと答えた人も、相場の世界から退場になる確率が高くなります。
　この答えはどちらも同じでなければいけないのです。
　なぜなら最初に決めたロスカットが8990円です。
　自分が決めたロスカットまで株価が下がったら、どんなことがあろうと必ずロスカットしなければダメなのです。
　それをロスカットせずに我慢するから資金がなくなるのですね。
　この質問に対して株価で考えずに損失額の大きさで考え、2万4000円のほうがロスカットしやすく24万円はロスカットしづらいと答えた方がいるとしたらラージ3枚でのエントリーは自分の資金に対して多すぎるということです。
　仮に200万円の資金で始めた場合、1回の損失が2万4000円であるなら受け入れられそうですよね。
　でも200万円の資金で、1回の損失24万円はでかすぎますよね。到底受け入れられない金額なのですね。
　総資金の10％以上を1回の取引で失うなんて気を失うかもしれません。
　しかし、実際には200万円の資金でラージ3枚の取引を行う人がいるんです

よ。そしてそのようなことをする人は、24万円のロスカットを受け入れることができません。

　総資金に対しての損失が大きすぎて損失を受け入れることができなくなってしまうのです。

◎リスク管理をできるのは自分だけ

　人間は大きな金額の含み損になればなるほど損失を受け入れることができなくなります。

　24万円の損失を受け入れることができず我慢していると含み損はどんどん膨らんでいき最後には追証のメールが来ることになります。

　そして強制決済となり相場から退場という「おまけ」が付きます。

　追証のメールを受け取ったら相場の世界からの退場は確実です。

　もし、今までの相場人生の中で追証メールを受け取ったことがある人は自分の資金に対しての取引枚数が多すぎるということを自覚してください。

　私たちは自分で自分の資金のリスク管理をすることができるのです。言い方を変えると自分でしかリスク管理はできないのです。

　私があなたの資金のリスク管理をすることはできません。できるのはリスク管理に対する考え方を伝えることだけです。

　その考え方を受け入れるのかどうかはあなたの自由なのですね。

相場の世界は非常に自由な世界です。
自分自身で考え自分自身で行動することができます。
誰の制約を受けることもありません。
ですから自分で自分を管理する必要があるのですね。

⑦ 成功者は成り行き派か指値派か?

◎どちらにもデメリットがあるが…

　この本を読んでいる人であれば発注方法に「成り行き注文」と「指値注文」があるのはご存知でしょう。

　では、発注は「成り行き」と「指値」では、どちらで注文するのでしょうか。

　「指値」だと、注文成立せずに値が動き、逃すことが多く、「成り行き」はスリッページがあり、不利な値で約定してしまいます。

　多くの本を読むと「成り行き注文」が良いと書いてあるものもあれば「指値注文」が良いと書いてあるものもあります。

　相場塾の会員さんからもこの注文方法に対する質問を多くいただきます。

　図18をご覧ください。

図18

売	売数量	▲ ■ ▼	買数量	買
0	0	最良件数	0	0
		成行		
	1,188	9,570		
	1,087	9,565		
	1,181	9,560		
	1,296	9,555		
	1,152	9,550		
	975	9,545		
	888	9,540		
	1,133	9,535		
	1,052	9,530		
	836	9,525		
		9,520	42	
		9,515	118	
		9,510	405	
		9,505	1,110	
		9,500	1,093	
		9,495	933	
		9,490	1,021	
		9,485	818	
		9,480	972	
		9,475	879	

私の場合、成り行きか、指値のどちらで注文しているのかと言われると多くの場合で、指値での注文をしています。
　図18のような売買板の場合、どうしても買いたいと思ったときは、成り行き注文でなら、9525円で買えますね。
　指値注文でも9525円での指値なら9525円ですぐに買えますね（一気に売り板が食われると買えませんがまず買えるでしょう）。
　9520円の指値なら、買えるかどうかはわかりません。ここでは42枚の買い注文がありますので9520円で注文を入れると43枚目の約定まで待たなければなりません。
　買い注文がこのように少ない場合であれば約定する可能性が高いのですが1000枚も並んでいれば約定するかどうかは微妙ですね。
　売り物が出てきており、9520円の指値でも買えると判断すれば9520円の指値で待ちますが、5円上になってもどうしても買いたいというのなら、9525円の指値で買いを入れています。
　この場合、成り行きでも9525円になることがほとんどでしょうが、私はエントリーのときは、指値で注文することにしています。
　もし一気に売り板が食われて、買えなかったら順番待ちになりますね。
　その場合は、さらに上に指値を変更するのか、そのまま待つのかは、そのときの状況次第です。
　9520円の指値注文を入れ、約定するのを待っていたが約定せずに株価がそのまま上に行ってしまった場合は1回目の利食いの価格ぐらいまでいけば、その指値は取り消しています。
　エントリー時の注文はこのような方法をとっていますが、損切りの場合は必ず約定しなければならないので、成り行き注文にすることが多いです。
　損切りに関しては一度でもルールを破ると次も同じようにルールを破る可能性が高くなります。そうなると自分の資金がどんどん減ることになります。
　資金を減らすことは厳禁ですので損切りの場合は原則成り行き注文で行っています。

◎指値注文で約定するタイミングを身につける

　多くの方は次のように考えるようです。
　指値注文だと、注文が成立せずに値が動き逃すことが多く、成り行き注文はスリッページがあり、不利な値で約定してしまう。だからどちらで注文するのか悩んでしまう。
　このように考える理由ですが「成り行き注文」か、「指値注文」かということを考えるよりも前段階に原因があるかもしれません。
　自分が買いたいときというのは、他人の売り物が出てはじめて約定します。
　自分が売りたいときというのは、他人の買い物が出てはじめて約定します。
　これは当たり前ですが、買いたくても売ってくれる人がいないと買えないのですね。
　例えば、100人の参加者がいる場合、100人全員が買いたいときは買えないのです。一人も売りたい人がいないのですから買えるわけがありませんね。
　100人中90人が買いたくて10人が売りたくてもなかなか買えないですね。
　逆に、90人売りたくて10人買いたいときは簡単に買えますね。
　このときに、買いの指値注文を入れておけば、売りたい人が売ってくれるでしょう。
　話を単純にすると、

買いたい人が多いと価格が上がり
売りたい人が多いと価格は下がり

ます。
　私の手法で常に利益に変えたいと思い狙っている動きというのは、

トレンドを確認する → 調整を待つ → トレンドに戻る時にエントリーする

ということですね。

トレンドが上昇トレンドの場合は買いたい人が多い状態です。買いたい人が多くなければ上昇トレンドにはなりませんね。
　次に調整の動きは株価が下落しているので売りたい人が多い状態です。
　そしてエントリーする場面は、調整からトレンドに戻る時なので、

売りたい人が多い状態　→　買いたい人が少し増えてきた状態

のときに買うことになります。
　この状態のときには、まだ売りたい人もそこそこいるのですね。
　そのときに指値注文を入れると、約定する確率は高いのではないでしょうか。
　買いたい人が増えてきて、売りたい人が減ってくると指値注文では約定せず、成り行き注文でないと約定しなくなります。
　利益になる動きのときだけ置いて行かれ、損失になる動きのときはしっかりと約定することが多いという方はエントリーの判断が遅くなっていないかということも、一度見つめなおしてみてください。
　そうすることにより成り行き注文ではなく指値注文でも約定することが多くなるはずです。
　このことは長い目で見ると損益に大きな影響を与えてくることになります。
　儲かるトレーダーになるためにも、指値注文で約定するタイミングを身につけてくださいね。

第4章

分割売買活用術

〜ストレスをためずに大きな利益を狙うために〜

① 分割売買がなぜ、有効か

◎最大のメリットは、メンタルに与える影響

　私は利食いに関しては分割利食いを推奨しています。

　なぜ、分割利食いを推奨するのかというと心理的に楽になるというのが一番の理由です。

　裁量売買の場合は、精神的なことが非常に大きく影響を及ぼします。

　そこで20円や30円という一定額の利食いをして利益を出すことにより精神的に楽にするのです。

　これが分割売買の最大の長所でしょう。

　図19をご覧ください。

図19

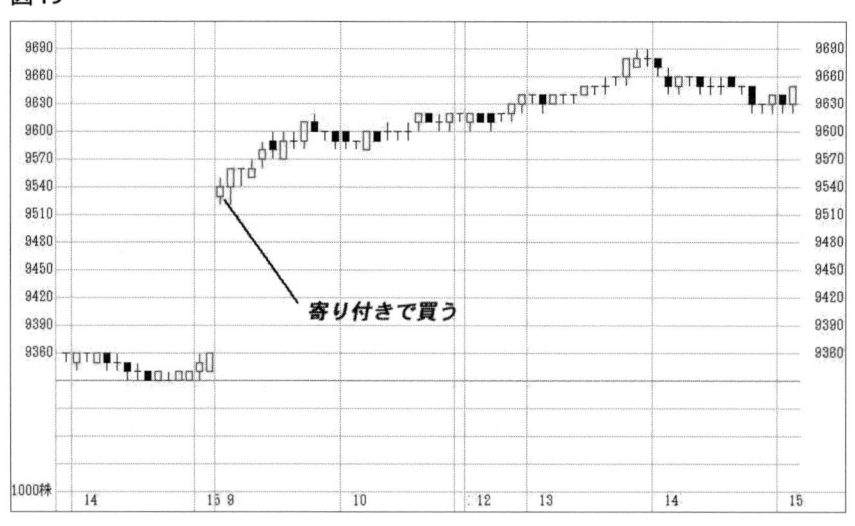

寄り付きで買う

　例えば、図19の日の寄り付きで日経225先物ラージを9530円で10枚買ったとします。あなたはその後の利食いをどのようにするでしょうか。

　株価は寄り付き後、10円下の9520円を見た後押し目もなく上昇していきま

した。何の手仕舞い戦略も立てずにいたら50円も上昇したら10枚すべてを利食いしたくなるでしょう。

ここで利食いしないでおいて株価が下がったらどうしよう。もうこれ以上上がらないかもしれない、という不安でいっぱいになってきます。

そして9580円で利食いをしてしまいます。

そしてさらに株価は上昇し9630円になったときに次のように思うのです。

「あそこで利食いしなければよかった。もっと我慢すればさらに50万円の利益になったのに……」

ここで買い直したいという気持ちが起こるのですが、多くのトレーダーは利食いしてから50円も上昇しているので新規で買いエントリーをすることはできません。

そして、株価はさらに50円上昇し9680円になります。

ここでまた思うのです。

「50円で利食いしたためにその上の100円の利益をみすみす逃してしまった。ラージ10枚で100万円だぞ。俺ってなんでこんなに下手なんだろう」。

実際には50万円の利益を手にしているのに後悔するのですね。

これではストレスがたまって仕方がありません。

分割利食いはストレスをためないためにも必要なのですね。

自分の建玉をすべて一気に手仕舞う必要なんてありません。

仮に10枚でエントリーをした場合、エントリーしてから30円上になったらまず3枚を利食います。

9530円で買いエントリーしているので9560円で3枚を利食います。

これで一部の利益が確定できましたので精神的に楽になります。

また、ここから株価が下がってロスカットになったとしても大きな損失にはならずにすむのですね。

30円上の9560円で利食いした後、株価が上昇したら60円上の9590円でさらに3枚の利食いをします。

次は90円上の9620円になったら3枚の利食いをします。

そして残り1枚はトレイリングストップで引っ張るのです。

◎損小利大を可能にする

　もう一つの例を見てみましょう。エントリーの9530円から30円上の9560円で4枚を利食います。

　次は60円上の9590円でさらに4枚の利食いをします。

　そして残り2枚をトレイリングストップで引っ張ります。

　どちらが良いということを決めることはできませんので自分自身に合った方法を見つけて売買するのがよいでしょう。

　このように分割利食いをすれば利益を確保しながらストレスをためずにさらに大きな利益を狙っていくことができます。

　株価が自分の思っている方向と逆に動いた場合も、分割ロスカットは有効です。

　図19の日の動きが仮に寄り付きからヨコヨコになり動きが悪いと感じたのであれば、3枚をエントリーと同値の9530円や10円下の9520円で手仕舞いします。そうすることにより、建玉が軽くなりますので、ストレスがかかりづらくなります。

　その後、株価が上昇しエントリー価格である9530円よりも30円上である9560円になったら3枚を利食いすればいいのです。

　これで残りは4枚ですね。

　後はエントリーの9530円から60円上の9590円で2枚を利食って、残り2枚をトレイリングストップで引っ張るという方法でもよいでしょう。

　分割売買には特に決まったルールはありませんので、いろいろ試してみて自分に一番合っている枚数や利食い価格を探してみてくださいね。

　分割売買という手法を手に入れることができればあなたの損益は格段と上昇してくるでしょう。

　上記の例では定額での利食いの回数を2回または3回にしましたが、分割売買での利食いの回数は何回くらいが適当なのでしょうか。

　私は最低でも3回はほしいと思っています。

1回目の利食いで証券会社に支払う手数料を回収してお釣りがきます。そして2回目3回目の利食いで利益を伸ばしていくのが良いと考えています。
　1回の利食いができれば手数料などのコストが出ますのでその後の手仕舞いでトータル損益がマイナスになることはなくなります。プラスになることがほぼ確定するのです。残った玉を思いっきり引っ張ることができるのです。
　これは精神的にとても楽になりストレスがなくなります。私の推奨するストレスフリーの状態になれるのです。
　ただし、エントリー枚数が3枚の場合だと、2回の利食いをしてしまうと残りが1枚になり引っ張りづらくなりますのでエントリー枚数は最低でも4枚にしておきたいところです。そして分割利食いは3回の一定額での利食いをするほうが楽になります。
　4分割以上の返済にすることができると3回の利食いは30円、60円、90円と利食いして残りは適当に引っ張れるだけ引っ張るということが可能になります。しかし、初心者の方というのはこれを逆にやってしまうのです。
　ロスカットを機械的にやっても最後の1枚を我慢して我慢してロスカットしてしまうのです。最後の1枚をロスカットすることができなくなってしまうのですね。
　また、初心者の方は利食いがめちゃくちゃ早くなる傾向があります。30円株価が動くのを我慢できずに10円や20円上ですべての建玉を利食いしてしまうのです。
　利食いが早くてロスカットが遅ければ勝てるわけがないと頭では理解していても行動が伴わないのですね。
　こうなると勝率が90％でも遅かれ早かれ破産することになります。
　このような意味からも分割売買というのは破産を防ぐこともできるし、利益を伸ばすこともできる手法であると言えるのです。
　ぜひ、分割利食いを有効に使ってみてくださいね。

② 建玉の保有時間ルールを決める

◎メインに使う時間軸をもとに設定する

エントリーをした後は、利食いまたはロスカットという返済をすることになります。利食い目標を30円60円90円と決めていても実際には予定どおりに利食いできないことも多くあります。また、ロスカットにかかりそうでかからずにヨコヨコになることもあります。

こんなときは精神的にも不安定になり返済しようかそのまま持続しようか悩むことがあるでしょう。

返済するためには価格だけではなく時間も考慮して返済する必要があるのですね。

あなたの建て玉の保有時間はどのくらいでしょうか?

エントリーから手仕舞いまでの平均保有時間を調べたことはあるでしょうか。

買い玉のロスカットは直近安値を割ったときと決めてエントリーをしたのだけれど、しばらくの間株価はヨコヨコ(時間の調整)を続けて動かない。

そして、動き出したときには自分のポジションとは逆の方向に動き出す。

トレーダーであれば全員が、このような体験をしたことがあると思います。

ロスカットは直近安値を割ったときと決めているけれど、株価の動きを見ているとどう考えてもロスカットにかかりそうだ、なんてこともあるでしょう。

それを回避するためには通常のロスカットとは別に保有時間に関するルールを決めておくことをお勧めします。

保有時間はメインに使う時間軸によって決めるのがよいでしょう。

個別銘柄の長期売買をする投資家の保有期間は数年におよぶのが普通でしょう。

中期投資の投資家は半年から1年の保有期間があるでしょう。

また、デイトレでスキャルピングをするトレーダーは勝ちトレードの保有時間がわずか数秒から数分という人もいるでしょう。

つまり、自分自身のトレードスタイルに合わせて保有期間を決めればよいと

いうことになります。

　私は主に日経225先物のデイトレでの取引をしています。

　そして使う時間軸は5分足、15分足、60分足がメインです。

　ここで私の考える、上記3つの時間軸の保有期間を載せておきます。

●5分足をメインチャートにして売買をしている場合……45分～90分
●15分足をメインチャートにして売買をしている場合……120分～240分
●60分足をメインチャートにして売買をしている場合……3日～5日

　保有期間に対して時間での手仕舞い（タイムストップ）は下記のようになります。

●5分足をメインチャートにして売買をしている場合のタイムストップ……30分
●15分足をメインチャートにして売買をしている場合のタイムストップ……90分
●60分足をメインチャートにして売買をしている場合のタイムストップ……1日

　5分足をメインにトレードをしている場合はエントリーから30分経過した時点で負けトレードになっていたら手仕舞うということです。

　15分足をメインにトレードをしている場合はエントリーから90分経過した時点で負けトレードになっていたら手仕舞うということです。

　上記に掲げた保有時間やタイムストップの時間は私の感覚であり、必ずしもこのとおりにしなければならないというものではありません。

　これらはそれぞれの時間軸で最もよく機能するであろうと思われるガイドラインです。

　タイムストップを使うとよりストレスのない売買ができるようになりますので試してみてくださいね。

　まずは自分のトレードの保有時間を調べることから始めてください。

　保有時間を調べると利食いが早すぎるとか損切りが遅すぎるなど、自分のトレード内容がよくわかってきますよ。

③ 玉操作が重要、テクニカルはいい加減

◎玉操作が必要な理由

　私は、いろいろなものを試すのが好きなほうで、売買でも同じ方法をずっと使い続けながらも新しい手法がないかといろいろ考えるのが好きなのです。

　ただし、相場の原理原則・玉操作・心理などの根っこの部分はブレずにいますので、新しい手法を利用して売買しても破産せずに今日まで生き残ることができています。

　相場の基本は、トレンドを特定し　反トレンドの動きを待ち、トレンドサイドに実際に動いた時にエントリーするという方法です。

　応用として逆張りを利用した売買も行いますが、統計的に有利なパターンでなければ逆張りは行いません。わざわざ負ける可能性の高い不利なトレードをする必要はないのですね。

　逆張りは応用ですので、基本である順張りができないうちはしないほうが無難です。

　また、私の使うテクニカルなんていうものはいい加減なものなんですね。

　テクニカルというものは、いい加減であてにならないのでロスカット価格を設定するのです。

　エントリーをした後は利食いやロスカットを待つということではありません。

　ここからは玉操作が始まります。

　私は複数枚売買を行いますので、3単位や4単位の枚数を同時に建てることになります。この複数枚売買は私に多くの利益を与えてくれる手法なのでとても大切なことなのです。

　3単位で建玉をした場合の基本の玉操作は次のようになります。

1単位目で売買コストをカバーする。
2単位目は数ティックで利益を確保する。
3単位目は損益分岐点にロスカット価格をずらしできる限り引っ張る。

心理的に楽になるためにも玉操作で利益を積み上げていかなければなりません。

デイトレの場合はその日のうちに手仕舞いをしなければならないという時間的制約も受けますので心理的に楽になるということは重要なのですね。

そのためには分割売買をすることが有利であり、エントリー後は機械的に一定額の幅で利食いをし、ロスカットも場に応じて分割で手仕舞いすることになります。

ロスカットを分割で行うということは損小につながります。

相場で利益を上げ続けるためには損小利大でなければなりません。

スキャルピングの場合は高い確率で勝つことができますが損大利小になる可能性があります。

精神的に楽になる。損小利大にする。

この2つのことを実行するためには玉操作が必要なのです。

◎ターゲット・イグジットという手法もあるが…

一定額の利食いをするのではなく目標の株価を決めて利食いする「ターゲット・イグジット」という方法もあります。

しかし、私はこの方法をオススメしません。

それはなぜかというと、目標価格をどこまで正確に予想できるかわからないからです。あまりにも不安定要素が大きいのですね。

支持線や抵抗線がはっきりしていて誰にでも目標価格がわかる場合もありますが、さらに正確な目標価格を設定することは現実的には難しくなります。

ターゲット・イグジットの利点は利食いを行うことができれば得た利益を逃さずにすむということです。しかし、相場が予想どおり目標価格に到達しなければ失望することになります。

目標価格を設定してもその価格に10円20円届かずに利食いできないということも多くあります。

そうなると利食いできなかった精神的ダメージは非常に大きなものになります。

こうなると次からは勝率を高めるために目標価格を下げてしまうという行動をとるようになります。

それではターゲット・イグジットの意味がなくなってしまうのですね。

私の分割売買は一定額の価格で利食いを繰り返し、最後の何枚かに関してはトレイリングストップを利用するというものです。

この方法を使用すればどの時点でどれだけの利益を確保できるのかを常に知ることができます。方法としてはとても簡単なのですが、歴史的な試練を経てきている手法であり、これ以上の手仕舞いの仕方や手法は今のところないと思っています。

相場において利益の源泉になるものはマネーマネージメントと建玉操作であると言っても過言ではないでしょう。

建玉操作には次の3種類があります。

●ピラミッディング
●分割売買（複数枚を同時に仕掛け、分割で手仕舞いする）
●分割仕掛けと分割売買（仕掛けも手仕舞いも分割で行う）

大きく分けてこの3つの方法があると思っていいでしょう。

そしてこの本で紹介する私の手法は2番目の分割売買になります。

④ ファールで逃げる技術を身につける

◎小さな損失は大きな利益の源

　分割利食いのメリットは最初の利食いでコストを回収し、その回のエントリーにおいて損失をなくすということがありました。もし、1回目の利食いができずにすべての建玉がロスカットにかかると損失だけが膨らむことになります。

　ロスカットにかかるときというのは、どのようなときでしょう。

　トレンドを確認し調整を待ち、エントリーする理由が明確になっている状態でトレンド方向に戻る時にエントリーをします。このときに支持・抵抗でエントリーしているのであれば当然、その前提が崩れたときにロスカットをすることになります。

　支持線や抵抗線という場所では、株価は止まることが多くあります。多くの人が意識する価格なので、止まってもみ合ったりする可能性が高いのです。

　私が買う場所というのもこの支持線で止まったときというのが多くあります。

　この支持線で買うメリットというのはファールで逃げることができる場所であるということがあげられます。支持線ですから止まって反発する可能性が高いのです。それがある程度時間が経過しても上がらなければ何かおかしいと感じることができます。そんなときにはエントリー価格と同値で建玉の半分を返済したりして玉を軽くし、精神的負担を減らすことができるのです。

　これが支持線でない場合には、株価は支持線に向かって動いている最中ですから止まる理由というのがなくなりスーッと動いたりします。すぐにロスカットにかかる可能性が高くなるのです。

　私が買うときの前提条件には上昇する可能性が高い場面という条件も含まれるのです。上がる可能性が高いところで買いエントリーすればエントリー後さほど時間をかけずに株価が上昇することが多くなります。それが上昇せずにヨコヨコになった場合に建玉を軽くしてファールで逃げることができるのですね。

　この「おかしい」と感じられる感覚もとても大切です。利益を積み上げるためには含み損になる前にトントンで逃げられる技術を身につけなければならな

いのです。

　人間の心理として含み損になるとなかなかロスカットができなくなるのです。誰にでも損を認めたくないという気持ちが働くのです。仮に価格だけで30円のロスカットを決めてしまうと買った前提が崩れていなくてもロスカットしなければならなくなります。そしてその後株価は上昇したりするのです。

　ですからロスカットを設定するときは、価格のロスカットだけではなく前提条件が崩れたときのロスカット、自分自身で納得のいくロスカットというものを決めておく必要があります。

　価格だけのロスカットを絶対条件にするとファールで逃げることが非常に難しくなります。価格が絶対になるとその価格になるまで手仕舞いを我慢するようになります。でも、支持抵抗でしっかりと売買ができていれば変だと感じた時点でファールで逃げることができるのです。

　ただし、初心者の方はこの「おかしい」という感覚を得るのには経験を積まないとできないと思います。ですから、最初は価格のロスカットを守るということを徹底するのがよいでしょう。

　そして慣れてきたらファールで逃げる技術を勉強すればいいのです。

　まずは、ロスカットが確実にできるという練習からのスタートとするのがよいでしょう。相場で損する最大の原因はロスカットができないということです。

　そのためには最初の練習は失敗をすることです。人間は失敗をすることにより学習します。そして次は同じ失敗をしないように対応します。

　失敗をするといっても取り返しのつく失敗をすることが大切です。取り返しのつく失敗であればもう一度チャレンジすることができます。

　最初は小さな失敗をして、そのうちに淡々とロスカットができるようになればいいのです。ロスカットをすることが失敗ではないのです。相場においてはロスカットをしないことが失敗なのです。

　ロスカットができることが成功なんだ、ロスカットできることが自分の資金を守ることなんだ、ということがわかると、ロスカットを躊躇なく実行できるようになります。

　小さな損失は大きな利益の源だということがわかる日がやってくるでしょう。

⑤ 分割売買でも利益目標を決める

◎"複利"を活用する

　相場に参加する資金として、100万円を用意したとします。そして、その100万円を1カ月で2倍にして、翌月は再び100万円を資金として、1年間相場に臨むとすると1年が経過した段階で、元の資金100万円、利益1200万円となります。

　日経225先物で考えた場合、1カ月＝4週間とすると、取引できるのは20日ほどです。

　100万円÷20日＝5万円／1日となります。

　日経225先物のラージ1枚での取引で1日50円の利益を上げればいいのですね。

　とてもシンプルな計算ですよね。数字だけを見ると、達成するためのハードルは低く、比較的簡単にクリアできそうに思えます。

　しかし、1日の値幅が少ない日では、頭から尻尾まで取ることでしか、達成できない日もあるかもしれません。

　また、ニュースなどで大きく動いたときに、ロスカットになってしまえば、損失分を補えるだけの利益が必要になってきます。

　こういったことを想定していくと、ハードルの高さが変わってきます。実際に日経225先物の売買をされている方でしたらこのハードルが高いと感じられるのではないでしょうか。

　実際に、バーチャルトレードなどで試してみると、この数字が容易に達成できるものかどうか、判断ができると思います。

　ハードルの高さを調整しながら、利益を増やしていく方法は？　と考えたときに、提案できるのが、"複利"を活用するという方法です。

　相場に参加する資金は、100万円とします。

　複利を活用して、1年間、相場に臨むにあたって、1カ月に資金の20％の利益というケースを考えてみます。

1カ月目	資金100万円	利益20万円
2カ月目	資金120万円	利益24万円
3カ月目	資金144万円	利益28.8万円
4カ月目	資金172.8万円	利益34.56万円
5カ月目	資金207.36万円	利益41.472万円
6カ月目	資金248.832万円	利益49.7664万円
7カ月目	資金298.5984万円	利益59.71968万円
8カ月目	資金358.3181万円	利益71.66362万円
9カ月目	資金429.9817万円	利益85.99634万円
10カ月目	資金515.978万円	利益103.1956万円
11カ月目	資金619.1736万円	利益123.9347万円
12カ月目	資金743.0084万円	利益148.6017万円

　1カ月目に100万円の資金で、20％の利益を得たとします。

　2カ月目の資金として、100万円＋20万円（1カ月目の利益）を用いて、20％の利益を得ていきます。

　3カ月目の資金は、120万円＋24万円（2カ月目の利益）＝144万円となります。

　そして、20％の利益を計上していきます。

　これを繰り返して1年経過すると、資金100万円、利益791.61万円という結果になります。

　1カ月で倍にしていく場合と、複利を活用する方法を比べてみていかがでしょうか？

　複利を活用する方法は、時間の経過に従って、資金の増加するスピードが上がっていきます。

　実現できるかどうかという観点でみても、ハードルは低くなっていると思います。さらにハードルを低くするために、1カ月の利益を10％に変更することも考えられます。

　ちなみに、10％の利益とした場合、

1カ月目	資金100万円	利益10万円
2カ月目	資金110万円	利益11万円
3カ月目	資金121万円	利益12.1万円
4カ月目	資金133.1万円	利益13.31万円
5カ月目	資金146.41万円	利益14.641万円
6カ月目	資金161.051万円	利益16.1051万円
7カ月目	資金177.1561万円	利益17.71561万円
8カ月目	資金194.8717万円	利益19.48717万円
9カ月目	資金214.3589万円	利益21.43589万円
10カ月目	資金235.7948万円	利益23.57948万円
11カ月目	資金259.3742万円	利益25.93742万円
12カ月目	資金285.3117万円	利益28.53117万円

　1年経過すると、資金100万円、利益213.8428万円という結果になります。
　日経225先物miniであれば、資金の増加にあわせて、運用できる枚数の上限を増やせるタイミングが出てきますので、利益額が変わってくることは十分に考えられます。
　100万円の資金で1カ月に20％の利益を得るためにはどうすればいいのか。
　日経225先物で考えた場合、1カ月＝4週間とすると、取引できるのは20日ほどです。
　100万円の20％は20万円です。
　20万円÷20日＝1万円／1日となります。
　日経225先物のラージ1枚での取引で1日10円の利益を上げればいいのですね。
　日経225先物miniであれば1枚で100円の利益になります。
　1枚で100円の利益というのはちょっと無理があるかもしれません。
　しかし、ここまでお伝えしてきている分割売買を利用すれば1日に1万円の利益を得ることができると思いませんか。
　最初の1カ月で20％の利益を上げることができれば2カ月目からは資金を増

やしていけばよいのです。

　相場に関する知識に加えて、複利のような考え方も活用していけばこれまでとは違った形で、取り組めるようになるかもしれませんね。

　ただし、ここにあげたのはあくまでも紙上での計算です。実際に自分のお金を使って売買を行うと、精神的要因により、同じような売買ができないようになります。

　それはお金の器というものがあるからです。

　お金の器、幸せの器に関しては私の著書『幸せなお金持ちになるための株・日経225先物　儲ける「勝脳」の鍛え方』の最後に書いてありますのでご覧ください。

⑥ 利益よりもロスカットを先に考えて仕掛けをする

◎エントリーする前に最大損失のことを考える

　エントリーをした後に多くの人はエントリーした方向に動けーと考えます。

　そして自分の希望どおりの方向に株価が動くとウキウキします。逆に動くとイライラしたりハラハラしたりします。

　どうしてこんな気持になるのでしょうか。

　それは相場をギャンブルとして見ているからではないでしょうか。

　ギャンブルだから賭けた後は結果が気になって仕方ないのです。

　相場をギャンブルではなく仕事として捉えることができればドキドキハラハラすることも少なくなります。

　では、どうすればいいのでしょうか。

　それはエントリーする前に最大損失のことを考えるのです。自分の資金に対して一回の売買で最大損失がどの程度なのかを考えるのです。そしてその最大損失を被っても資金にほとんど影響がないようにしなければなりません。

　一回の売買の損失で資金の半分を失うような投資をしてはダメなのです。

　また、エントリーをしたときには最大利益のことも考えてしまいます。

　しかし、相場で利益を上げ続けるためには利食い価格がどこにあるかよりも先にロスカット価格がどこにあるのか、ロスカットの価格がエントリー価格から近いかどうかを判断します。

　儲けの目標値の設定というのは非常に難しいのです。エントリー後どこまで上昇するのか、下落するのかなどは「神のみぞ知る」なのです。

　しかし、ロスカットの設定は簡単にできるのです。エントリーする前提条件が崩れたらロスカットをすればいいからです。

　直近安値を割り込むとチャートが崩れるとか、このポイントを割ると転換の動きになる可能性が高いなどということは、エントリーする前に知ることができます。ロスカットの価格を知ることができれば、最大損失を計算することができるのです。

相場で利益を上げ続けるためにはロスカットのことを先に考えて仕掛けをするのです。
　このポイントなら儲かるだろうと先に儲けを考えて仕掛けをした後にロスカットをどこにしようかと考えるのではありません。
　買いエントリーをしようと思っているうちに株価が大きく上昇し、動きが強いということがはっきりと確認できる頃には設定したロスカットの価格は遠くなっています。
　それでは仕掛けが遅すぎるのです。
　スウィングトレードでもデイトレードでも基本は同じです。
　エントリー時にはロスカット価格がエントリー価格に近くなるように上昇トレンドでは押し目買いをし、下降トレンドのときには戻り売りをするのです。
　移動平均線やピークボトムは押し目のメドや戻りのメドを見るためにとても役立ちます。
　トレードの本質は、
　「まだ起きていないことを株価の動きに対応・予想して、売買態度を決める」
　ということです。
　トレンドを見極めようとすればするほど仕掛けのタイミングは遅れ、利益を得るチャンスを失います。
　トレードによる利益は、不確かな状況にあるとき、「こうであろう」と決定したときに生まれます。不確かなことにエントリーするのですから、不安です。心配です。
　しかし、その心配をしないことには利益は出ないのです。
　その心配や不安を少しでも小さくするために勉強をし、検証をし勝てる可能性の高いエントリー場面を判断できるようにするのです。
　そして分割売買を利用し、利益を積み上げていくのです。

⑦ 小幅な利益狙いが、マイナスへの迷路を生む

◎小幅な利食いと小幅な損切りは簡単？

　エントリーをしたら必ず手仕舞いをします。
　手仕舞いには利食いという手仕舞いと損切りという手仕舞いがあります。
　利食いは大きくしたい、損切りは小さくしたいと誰もが思います。
　利食いも損切りも小さくすることを考えてみてください。
　簡単にできそうだと思いませんか。
　しかし、小幅な利食いと小幅の損切りをすることは簡単なようで意外に難しいのです。なんで？　と思われるかもしれませんね。
　それは次のようなことが原因なのです。

①細かな動きほどノイズに邪魔されてしまい、最終的に利益になる確率が50％に近くなる。
②利食い幅と損切り幅の調整が難しい。

　例えば日経225先物で次のようなルールで売買をしたとします。

☆エントリー後10円の利益が出たら利食いをし、10円の損失が出たら損切りをする。

　この売買を行ったときに勝率が60％の確率だとしたら10回のエントリーで6回の勝ちになり4回の負けとなります。
　勝ちは10円×6回＝60円
　負けは10円×4回＝40円
　合計損益は20円のプラスとなります。
　勝率が50％の場合だと、
　勝ちは10円×5回＝50円

負けも10円×5回＝50円
合計損益は0円となり、手数料だけ損することになります。
　60％の勝率を得られる手法がない限り、丁半博打のように確率は50％になるので売買を繰り返せば繰り返すほど確実に手数料分だけ損失になり資金が減っていくことになります。
　また、このルールで売買をすると精神的に非常にきつい状況になります。
　10円の利益が出たら利食いをし、10円の損失が出たら損切りをしようとあらかじめ決めていても、いざ10円の損失が出たときに損切りできる人はほとんどいません。多くの人は損切りができません。これは実際にやってみればわかることです。
　10円の損切りができない結果として損切りを先延ばしにし、大きな含み損を抱えます。そして100円などの大きな含み損になったときにようやく諦めることになりかねないのです。
　10円の利益を取ろうとして100円の損失になってしまうのです。こんなことをやっていたら勝てるわけがありませんね。
　このようなことをやるのであれば勝率90％以上の手法がなければ無理です。勝率90％でも手数料だけ取られて結局は資金を減らすことになります。
　小幅な利益を考えること自体が、すでにマイナスへの迷路に入っているのです。
　自分のエントリー条件になっていないが、10円なら抜けそうだと考え買いエントリーをしたが、その10円の利益を上げることができずに株価が下がり含み損が20円30円と増えていき、それを取り返そうとマイナス20円でナンピン買いをし、さらにマイナス30円でナンピン買い、マイナス40円でナンピン買いをする。
　そうしているうちに投下資金は当初の3倍から4倍に膨らんでいくのです。仮にそこからうまく20円上昇すれば損益はトントンになりますが、それではいったいなんのためにエントリーしたのかわかりません。最初から何もせずに見ていたほうがよかったということになります。
　このような売買をすればナンピンすることにより自分の資金が少なくなり建

玉だけが多くなります。相場の方向が上向きだと判断することができればその玉を持ち続けることになるのですが、逆に相場の方向が下向きになったときは最悪です。損切りもできないし、新規の売り仕掛けをすることももちろんできません。

　こんな売買をしていたら儲かる相場も儲かるはずがありません。後悔だけが残るのです。

◎チャンスはゴロゴロ転がっているわけではない

　相場で利益を上げるチャンスは毎日何回でもあると思うから方向感のないときでも無理にエントリーしてしまうのです。

　チャンスはゴロゴロ転がっているわけではありません。方向感のないときは何もしないで資金を温存しておくのがベストなのです。

　また、誰かがネット上で上がると言っていたからとか、ブログの記事で上がると言っていたから上がるだろうと思うことは自由ですが、それが役に立つことはほとんどありません。私のブログの記事だって同じことです。

　書いた私は納得しているからいいのですが、私のブログを読んで売買をする人で本当に自分で納得して売買をしている人は少ないと思います。納得していないのにエントリーをしてもいざロスカットという場面になると最初に決めたロスカットに従えなくなるのです。マウスを押す指が固まってしまうのです。だって自分で納得していないのですから従えなくて当たり前ですよね。

　投資をするためには自分が「納得」することが必要です。そのためには自分自身が納得できる経験や検証を重ねることが大切なのです。

　相場で利益を上げ続けたいと願うのであれば、

●自分自身で統計を取る
●自分の気分をコントロールする
●統計の結果に従う

　この3つを実行することです。

⑧ 利益を積み上げるためのストップの種類

　トレードで重要なことは、定石、セオリー、統計などを総合的に使いエントリーチャンスがくるまで辛抱強く待つということです。
　そして、エントリーチャンスが来た場合にリスクに見合うトレードかどうかを考えます。
　負けトレードを出さないことではなくて、自分の考えが間違っていたときでもリスクを低く抑えることができるのかどうかを考えます。そして、自分の思惑どおりに動いたときは大きなリターンが見込めるようなトレードかどうかを考えます。
　また、明確な手仕舞い戦略、ロスカット価格をエントリーする前に決めた上でトレードをすることです。
　良いトレードとはリスクとリターンの比率が効率的と思われるトレードのことで、エントリーするにあたりどういう前提でエントリーしたのか明確な説明ができなければいけません。
　利食いについては分割利食いを行います。ロスカットは利食い以上に重要ですからロスカットについても考えてみましょう。
　ロスカットのことをストップとも呼びます。
　ストップの種類は非常に多く次のようなものがあります。

●価格のストップ
●パーセントストップ
●マネーマネージメントストップ
●ディザスターストップ
●テクニカルストップ
●タイムストップ
●トレイリングストップ

　各ストップについての説明をしますね。

◎価格のストップ

　価格のストップは、単純でわかりやすいです。
　エントリー価格からマイナス何円になったら損切りをするというルールのストップです。
　1回の売買における損失を一定額に限定するためのストップです。
　問題になるのは、エントリー価格から何円離れた価格をストップ価格に設定すればよいのかということです。
　エントリー価格からストップ価格までの設定幅が狭すぎるとすぐにストップにかかります。例えば、10円や20円のストップ価格に設定した場合は、ポジションを建てたあと相場が自分の思惑とは逆に動いてすぐにストップアウトし、その後自分のシナリオどおりの方向に相場が反転するという状況になることが多くあります。
　損失額は、小さくすむけれど、勝てるはずだったトレードも利益を伸ばすことができずに負けトレードに終わってしまいます。
　自分がメインで使用している時間軸にもよりますが、ストップ価格の設定幅が狭すぎると相場のノイズに引っかかることが多くなり、1カ月の売買結果を見ると結局負けているということになりかねません。
　逆に、ストップ価格の設定幅を大きく取りすぎるのもいけません。
　デイトレードの場合、エントリー価格から200円や300円離れたストップ価格に設定した場合、相場が自分の仕掛けた方向の逆に動くと、本来置くべきであるストップ価格の位置を通り越してしまいロスカットの設定をしていないこととほとんど同じ意味になります。
　エントリー価格と離れすぎているストップ価格は、リスクに見合う期待利益はなくなり、エントリー価格に近いストップを設定した人と比べるとはるかに早いペースで損失が膨らみます。あっという間に自分の資金がなくなるのを体験できます。(笑)

　モンテカルロシミュレーション（※）でいくらくらいのストップ価格が良い

のかを1000回検証したら、日経225先物でデイトレードを行う場合はボラティリティーによりますが−50円〜−70円が一番良いという結果になりました。

傾向としてボラティリティーが高いほどストップの設定幅は広いほうが良いという結果も出ています。

一日の値動きの少ない時期はストップ価格を狭くし、値動きの大きな時期はストップ価格を広めに取るのが良いということです。

常に同じストップ価格にするのではなく相場の状況に応じてストップ価格も変更していくのが良いということです。

※モンテカルロシミュレーションとは、エントリー条件を与えずにランダムにエントリーするということです。簡単に言うと何も考えず、サイコロを振って偶数なら買いエントリーをし、奇数なら売りエントリーをします。エントリー時間も決めずにめちゃくちゃにエントリーするというランダムな仕掛けのことです。

◎パーセントストップ

これも簡単なストップの方法です。

エントリー価格から何％株価がエントリー方向と逆方向に動いたかでストップ価格を設定するという方法です。

価格のストップと非常に近い感覚のストップです。

価格のストップの場合はエントリー価格から何円離れたらストップにするというものでした。ボラリティが同じであれば株価が8000円であろうが10000円であろうが20000円であろうがストップに設定する価格は一緒ということです。60円に設定したなら60円逆に動けばストップにかかります。

パーセントストップとは、この何円離れたらという部分を何パーセント離れたらに変更するだけです。

仮にストップの設定を0.6パーセントにした場合は次のようになります。

株価が10000円のときに買いエントリーをした場合は、10000円×0.6％＝60円となります。

9940円が付くと損切りになるのですね。

株価が20000円のときに買いエントリーをした場合は、20000円×0.6％＝120円となります。19880円で損切りとなります。
　価格のストップではそのときの株価によるストップ価格の変動はありませんが、パーセントストップの場合には株価が変化すればストップ価格も変化するという特徴があります。

　モンテカルロシミュレーションで検証すると日経225先物のデイトレードの場合は0.6パーセント前後にストップを設定すると成績が良いという結果が出ています。

◎マネーマネージメントストップ

　マネーマネージメントストップは書籍により複数の違う説明がなされていますので理解しづらいかもしれません。
　私の考えでは、マネーマネージメントストップという名称なので、自分の資金量により許容できるリスク、1回のトレードでの最大許容量をストップに設定するということだと考えています。
　例えば、1回のリスクの許容量を自分の総資金の2パーセントなどにするストップです。
　自分の資金が100万円だったとすれば2パーセントは2万円になります。よって1回の損失は2万円に抑えるということになります。
　日経225先物のラージを1枚エントリーした場合だと、エントリー方向と逆に20円株価が動くと2万円の損失になります。10000円で買った場合には9980円でロスカットをするということになります。

◎ディザスターストップ

　「disaster」を辞書で引くと、思いがけないとか災害という意味になります。
　スウィングトレードなどで使われるストップで、ストップの位置を現在価格から大きく離れたところに置く方法です。
　ストップ価格が現在の価格から大きく離れているので通常めったにロスカッ

トにかかることはありませんが、テロなどの大きなニュースなどがあった場合にはストップアウトして、自分の資金をすべて失うなどの最悪の事態は避けることができるというストップの方法です。

デイトレードでも通常ヒットしないが、サプライズ的に何か起これはストップアウトするという価格を設定します。デイトレードの場合、1日の値幅が200円以上になることは少ないのですが、非常に大きなニュースがあり思いがけない動きになることを想定します。エントリー価格から300円離れた価格をストップにするなどです。

◎テクニカルストップ

これは、テクニカル分析に基づいてストップ価格を決めるストップです。

テクニカルを使ったストップなのでテクニカルによりストップの設定方法が異なります。

例えば、支持抵抗を使ったテクニカルストップの場合だと、買いエントリーをした場合には直近の支持線の下側にストップを置きます。売りエントリーをした場合には直近の抵抗線の上側にストップを置くことになります。

パラボリックストップはエントリー後、メインに使っている時間軸のパラボリックをストップに使用します。パラボリックを抜けたらロスカットをするということです。

その他にもトレンドラインを使ったストップ、移動平均線を使ったストップ、チャネルを使ったストップなど多数あります。

◎タイムストップ

エントリー後手仕舞いする一定の時間を決めておき、その時間内に利益が出なければ一旦トレードをやめるというストップです。

例えば、上昇トレンドのとき、支持線で株価が下げ止まったのを確認して上昇する場面で買ったとします。

支持線で下げ止まったのを確認して買ったということはその支持線が機能し、そこから上昇するというシナリオを元に買うわけです。

しかし支持線から反発もせずモタモタした動きになっているのであれば、それはそのポイントが支持ではなかった可能性があるということを意味しています。ただし、相場には我慢も必要だということを私たちは知っています。
　そこでタイムストップを使用するのです。
　エントリー後の動きが鈍く、上昇するにしてはどうも時間がかかりすぎるな、と思えば建玉の一部または半分程度を返済し、玉を軽くして様子を見るなどいろいろ工夫することができますね。
　このような玉操作ができるということは、裁量売買の一番優れているところです。
　タイムストップを考える場合、まず自分のトレードの分析から始めなければなりません。自分の考えるメインの時間軸で仕掛けをした場合、保有時間はいつもどのくらいか？　負けトレードの統計を調べた場合、仕掛け時点からどのくらいの時間が経過したら負ける可能性が高いのか？　これらのことを自分の相場日誌を元に分析するのです。
　相場日誌を付けていなければ分析そのものができませんけどね。
　自分の売買の分析ができなければ、タイムストップを設定することはできません。
　メインの時間軸が同じで、前回と同じように支持線で買ったとして前回はタイムストップを5分にしたのに今回は15分にするなどその日の気分によって変更してしまうからです。
　自分の売買結果ではなく体調や気分によってストップを変更するようになるとストップは機能しなくなります。そんなことならタイムストップなど使わないほうがよっぽど良い結果になるでしょう。

◎トレイリングストップ

　買いエントリーで相場に参加した場合、相場が自分のシナリオどおりに動き株価が上昇すれば含み益が膨らんでいきます。
　この時点ではエントリー前に決めたストップポイントより現在の価格は大きく離れている状態にあります。この状態から株価がエントリー価格に戻ると含

み益が減り、さらに下がれば含み損になってしまいます。

　含み益であってもせっかく得た利益は失いたくないし、反転しストップにかかって負けトレードで終わるのはもっと嫌ですね。

　含み益があってもその建玉を返済し手仕舞わなければ実益にはなりません。取らぬ狸の皮算用ということにもなりかねません。

　そういうときにロスカット価格を自分の思惑どおりの動き、利益の上がっている方向に移動するストップをトレイリングストップと言います。

　利益を確保しながら利益を伸ばすというストップの手法です。

　このストップはとても有効なので私は大好きです。

　複数枚売買を行う場合、最後の数枚はこのトレイリングストップを使用して手仕舞いをします。

　例えば、8500円で買った株が8550円になったとします。

　8550円まで上昇したときに「買値と同じ8500円まで下がったらすぐに返済」という返済価格を決めておきます。

　このことにより、最悪でも収益はほぼトントンの状態を確保することができます。

　そして、その後株価が30円上昇して8580円になったら、返済価格を8530に変更する。8610円になったら8560円に返済価格を変更する。

　このように、株価が上昇するたびに売却するラインを上げていくことで、利益を確保しながら利益を伸ばしていく手法をトレイリングストップと言います。

　株価の上昇を追いかけながら、ストップ（ここまで下がったら返済するというライン）を上げていくのです。

　次ページの図20をご覧ください。

　自分の買うための条件がすべて揃い8430円で買ったとします。

　最初に決めたロスカットラインは直近の安値である8410円を割った8400円に設定したとします。

　aが8410円のロスカットラインになります。

　ここからトレイリングストップを使って利食いをしてみましょう。

図20

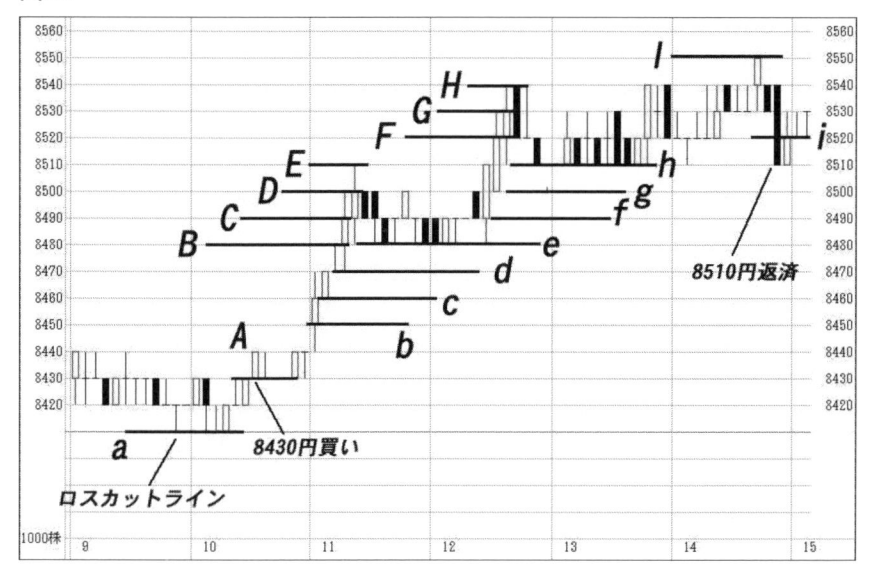

　エントリー価格から50円上昇したらトレイリングストップを適用し、ロスカット価格を40円上昇させます。それまではロスカットラインを変更しないというルールにします。その後は株価が上昇する価格に合わせてロスカット価格も同じ価格上昇させていきます。

　Bの地点でエントリー価格から50円上昇しましたのでトレイリングストップ開始です。

　エントリー価格8430円から50円上の8480円が付きましたのでロスカット価格を8410円から40円上のbである8450円に上げます。

　ここから後は株価の上昇価格と同価格ロスカット価格を上げていくことになります。

　CでBの8480円より10円上になりましたのでロスカット価格をcの8460円に上げます。

　その後は同様にDからHまで株価が上昇するに連れロスカットラインも10円ずつ上昇させます。

Hの8540円まで株価が上昇したときのロスカットラインはhの8510円になっています。Hの後、株価は8510円まで押しますがロスカットラインを割ることなく上昇しました。
　ここまでは株価がロスカットラインを割ることなく動いていますので建玉は継続となっています。
　Iで株価は8550円となりました。ロスカットラインもhの8510円より10円高いiの8520円に変更します。
　Iからの下落で8510円が付きました。
　これはiの8520円を割り込んだことになるので返済となります。
　返済価格は8510円でした。
　トレイリングストップを使わなければEの8510円を付けた後の下落には精神的に耐えられないかもしれません。
　高値から下がってヨコヨコになると「もう上昇しないのではないか」と不安になりますね。このヨコヨコの8510円で返済してしまう人が多いでしょう。そしてその後株価が上昇し、悔しい思いをするのですね。
　今回の例ではエントリー後、素直に上昇しトレイリングストップが開始されていますが、いつもこうなるとは限りません。エントリー後、一旦上昇してもすぐに買値に戻ってくることもよくあります。
　トレイリングストップを使わないほとんどのトレーダーはエントリー後、買値に戻ってくるようなことがあれば我慢できずに返済するでしょう。
　そしてほとんどのトレーダーが返済した後に、待ってましたとばかりに株価の上昇が始まるのです。
　また、今回の例では結果8510円での返済となっていますが、hの時点で8510円で返済するのとiの時点で8510円で返済するのとでは精神的負担が全く違ってくるのです。hの時点では不安とともに返済をしますが、iでの返済は自分のルールをしっかりと守っているために納得して返済することができるのです。
　この差はとても大きいですよ。
　この差が儲かるトレーダーと儲からないトレーダーの差となって表れてくるのです。

⑨ 利食いは難しい

◎感情で利食いしてはいけない

「やっぱり利食いは難しい」。
ある程度の経験を積むとこのように感じるようになります。
なぜ、利食いは難しいのでしょうか？
それは精神面が大きく影響するからです。
人間は利益が乗ると手仕舞いしたい衝動にかられる生き物なのです。
ですから、利食いをする場合には自分の感情で利食いをしてはいけません。
だから分割利食いをするのです。私は分割利食いを強く推奨しています。
分割利食いの利点は最後の1枚または2枚の利益をとことん伸ばすことができるということでした。
最後の1枚2枚になれば適当に利食いができるのですが、この適当にとはどのような場面なのか？
悪い意味でのいい加減に手仕舞いをしてしまったら取れるはずの利益をみすみす逃がすことになります。
最後の1枚2枚はトレイリングストップを使って手仕舞いするのが精神的負担を少なくし利益も確保することができます。
トレイリングストップ以外にも手仕舞いをする方法はいくつかあります。
それは次のような方法です。

①今あるトレンドが終りに近づいたという判断ができたとき

一定時間ヨコヨコになったり、短い足での高値切り下げになったりした場合がこれに当たります。

②心理的節目の価格になった場合

株価がキリの良い数値になったときがこれに当たります。
例えば10000円ちょうどとか9000円ちょうどなどの数値です。

これらの数値は心理的節目となり株価の上昇下落が一旦止まる価格です。

③強い抵抗線、支持線に接近したときに値動きが悪くなった場合

シナリオ売買を行っていると毎日シナリオを立てるときに支持線抵抗線を調べます。

支持線抵抗線はエントリー時に見るだけではなく、利食いする場合にも「そろそろ止まる価格だな」などと考えることのできる重要なラインです。

④ビッグニュース

場中に突然暴落が始まったりその恐れが出てきたり変動が激しくなることがあります。

これは何かのニュースが出た可能性があります。

ビッグニュースに対してテクニカルは機能しません。

ビッグニュースにより自分の思惑と逆の方向に株価が動いたらすぐに手仕舞いをします。

また、自分の立てている方向への動きになった場合でも急に反転する場合がありますのできつめのトレイリングストップを利用して手仕舞いをすることを考えましょう。

これらのテクニックを覚えると利食いが難しいという感覚から利食いは楽しいという感覚に変わってくることでしょう。

⑩ リスクをとることの重要性

◎確認のしすぎが生むデメリット

　リスクをとるということについて考えてみましょう。

　あなたは相場においてリスクをとっていると言えますか？

　相場は、いつエントリーしてもいいし、いつ手仕舞いしてもよいので始めるのも終わるのも自分で決めることができます。相場における行動は完全に個人の自由に任されているのです。すべてが自由であり、すべてを自分で決めることができるという有利な条件で参加できるのです。

　しかし、逆の言い方をすると、相場におけるすべてのことは自分で決めないといけないということです。

　相場で行わなければならないことを自分で決めることができない人にとってはこの有利な条件が仇になってしまいます。

　買いエントリーをしようと思って株価が下がるのを待っていて、実際に株価が下がってくるのを見ると恐怖心が出て、「もっと下がってしまうかもしれない」、「もしかしたら急落するかもしれない」と考え、安全にエントリーするために、「あと10円上がってからエントリーしよう」、「あの高値を抜いてからエントリーしよう」と必要以上の確認をすることを自分の中で正当化してしまうのです。

　確認のしすぎでエントリーが遅れると次のような不利な点が出てきます。

●ロスカットが大きくなる
●エントリーを見送ってしまう
●エントリー注文を入れるが約定せずに置いていかれる

　ロスカットが大きくなるというのは、株価が下げ止まり反転してある程度上昇してからのエントリーになってしまうので、反転の価格を割り込むまでのロスカット幅が大きくなるということです。

　エントリーを見送ってしまうというのは、株価が下げ止まり反転したら買お

うと思って待ち構えていたのが、エントリーが遅れたためにロスカット幅が当初考えていた幅よりも大きくなってしまうということです。

エントリー直前にロスカット幅が大きいのであればエントリー自体リスクがあると考えて見送ってしまうということです。

エントリー注文を入れるが約定せずに置いていかれるというのは、反転ポイントに近いところというのは、参加者の多くはまだ下がると思っていますので売り物が出てきます。そのときに買い注文を入れると難なく約定します。

しかし、注文を入れるのが遅れると、他の参加者も上を見始めるようになるので、売り物があまり出てこなくなります。この時点で注文を入れても約定しづらくなるのです。そして、結局約定することなく株価は上昇を始めます。

そして、そこから大きなトレンドになるような上昇時には置いていかれ、上昇できない動きのときはしっかりと約定し、その後ロスカットにかかるという負けパターンに嵌ってしまいます。

大きく動くときに限ってエントリーしていないという方は、思い当たる節がないか考えてみてください。

◎リスクをとるの本当の意味

では、どうすればいいのでしょうか。

自分でいつ売買するのか決めることが自由であり、その自由が仇になるのならいっそのこと自由を奪ってみましょうか。

次のような条件で売買をしてみましょう。

エントリーする時間は9：00とします。

9：00に買うことしかできません（売りはなし）。

数量は1枚のみ。ラージでもminiでも可。

ロスカットと利食いは、前もって決めないといけません。

ただし、寄り付きは前日の価格のままでギャップなしとしましょうか。

（実際にこのとおり実行しないでくださいね。）

この条件だと、考えることはシンプルです。

買いが有利かどうかという点です。

ロスカットをどこにおいて、利食いはどこにおくのか。

その場合、利食いできる可能性と、損切りになる可能性どちらが高いのか。を考えるでしょう。

例えば、

損切り幅が　30円

利食い幅が　100円

利食いの見込みは50%あるはず

とします。

この場合、買いますよね。そして買うと決めたら、もう変更できません。

このことを競馬に当てはめると、30円の勝馬投票券を買って、当たれば100円の払い戻しがあるというのと同じです。

30円というのでは現実味がないので1000倍すると3万円分の勝馬投票券を買って、当たれば10万円戻ってくる、ということですね。

最初の3万円は、自分の財布と相談してこれなら負けても大丈夫と覚悟してから先に支払います。競馬や宝くじだとこれは当然ですね。当たらなかったら払うから、ということで買うことなんてできません。言い換えると、3万円のリスクをとって10万円を狙いにいっているわけです。

元々とっているリスクなので負けた場合も諦めがつきます。

そして同じ状況があれば、躊躇なくもう一度買うでしょう。

相場の話に戻しますと、さらに下がりそうと心配になって必要以上の確認をするのではなく、「リスクをとってエントリーすれば、あとは相場の神様の思うようになるだけ」、「お任せするだけ」。このような考えになります。そうなればエントリーを躊躇する理由がなくなります。

「自分は、リスクをとっているよ」と思っていても、実際は相場に参加していることがリスクをとることだと勘違いしている人がいます。

ロスカット金額を完全に受け入れること、これこそが「リスクをとる」ということなのです。

⑪ 分割売買の利点を体感する

◎最大のメリットは、負けのない状態をつくることができること

　分割売買の利点は次の3点です。

●収益を安定させることができる。
●利益を伸ばすことができる。
●負けがない状態の精神状態をつくることができる。

　一見矛盾するような安定と高収益を兼ね備えることができるのです。
　負けがない状態の精神状態は、ぜひ体験していただきたいです。
　ここではこの精神状態を体験できる方法をお伝えします。
　まずは、分割売買について確認しておきましょう。
　分割売買というのは、複数枚でのエントリーをし、一括で返済するのではなく何回かに分けて返済していく手法です。
　一括売買の場合は、エントリーも正解、手仕舞いも正解でないと多くの利益を得ることはできません。また、負けたときには大きな損失を被ることになります。
　例えば、買いエントリーをしていて株価が下がり含み損になっていたのが、その後株価が買値まで戻りトントンで手仕舞いできるので返済したらその後急上昇した。
　買いエントリーしていて株価が思惑どおり上昇していて含み益の状態にあったのだが、その後何らかの原因により急落して利益がなくなった。または損切りとなり損失を被った。
　一括売買だとこのようなパターンになることがままありますね。
　裁量売買の場合、利食いや損切りの返済は感覚に頼ることも多いので、ちょっとした精神的なことや、体調不良、前回のトレードの結果、板の状況などによって影響されることもあります。

一方、分割売買は、もっと上がると思っていても最初の利食いを含めて数回の利食いは固定幅で利食いをしていきます。
　エントリー時に、今後100円の上昇はあるだろうと思っていても＋30円、＋60円や＋20円、＋40円といった感じで利食いをしていきます。
　100円上昇すると想定していても、100円上がるその前に一部を利食いしていくのです。
　このように一定幅で利食いをしていくことにより、想定どおり株価が上昇しなくても残りの建玉はエントリー価格と同値で返済することができたりします。
　1回でも利食いができれば、その分の利益は確保されていますのでリスクが軽減されます。つまり、その後は思いっきり利益を伸ばすために引っ張ることができるのです。
　建玉のうちの最後の1枚2枚を思いっきり引っ張るために分割で返済をしていくのです。
　エントリー後に自分の思惑どおりに動かなかったりヨコヨコになったりして、1回の利食いもできない場合でも、自分の感覚で「何かおかしいな」と感じたら建玉のうちの一部を返済してみるなど機動的に動くことができるのも分割売買の利点です。
　分割売買にはこのようなメリットがあるのです。
　このメリットを有効に使うことにより、負けのない状態をつくることができるのです。
　その負けがない状態をより理解していただくのがこの章になります。
　負けない状態を体験していただくのですから、あなたが実際に行動をする必要がありますね。
　その行動をするために分割売買計算表というエクセルファイルを作成しました。このファイルに自分の売買を入力することにより、負けのない状態を体験することができます。
　例えば、10枚エントリーして、3枚が返済になっている場合の残り7枚がロスカットにかかった損益を計算します。
　残りの建玉がロスカットにかかるというのは、一番損失の多いときになるの

第4章　分割売買活用術

ですね。

このファイルを利用することにより最悪の損益を想定しておくことができます。

その最悪の損益がプラスになるとしたらどうでしょう。

最悪の損益でもプラス、つまり今回の売買において負けのない状態になります。残りがロスカットになってもトータルでプラスになる状態を確認できるのです。

◎分割売買計算表ファイルを活用しよう

それでは、分割売買計算表ファイルの説明をします。

図21をご覧ください。

図21

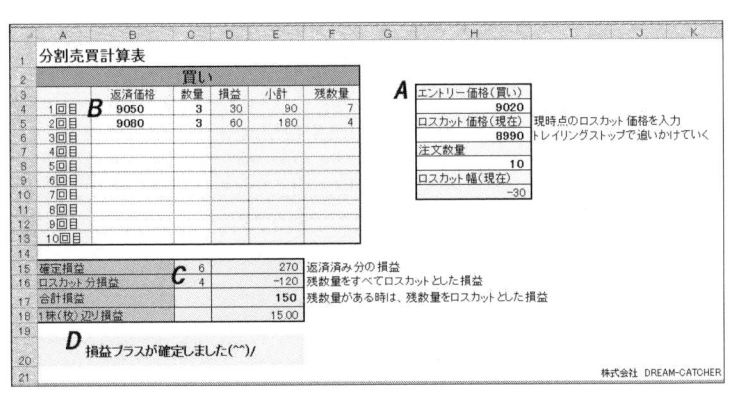

	A	B	C	D	E	F	G	H	I	J	K
1		分割売買計算表									
2			買い								
3			返済価格	数量	損益	小計	残数量		エントリー価格（買い）		
4		1回目	9050	3	30	90	7	A	9020		
5		2回目	9080	3	60	180	4		ロスカット価格（現在）		現時点のロスカット価格を入力
6		3回目							8990		トレイリングストップで追いかけていく
7		4回目							注文数量		
8		5回目							10		
9		6回目							ロスカット幅（現在）		
10		7回目							-30		
11		8回目									
12		9回目									
13		10回目									
14											
15		確定損益		6		270	返済済み分の損益				
16		ロスカット分損益	C	4		-120	残数量をすべてロスカットとした損益				
17		合計損益				150	残数量がある時は、残数量をロスカットとした損益				
18		1株(枚)辺り損益				15.00					
19											
20		D 損益プラスが確定しました(^^)/									
21										株式会社 DREAM-CATCHER	

この図は買いエントリーの場合の計算表です。

ダウンロードしていただくファイルには買いと売りの両方の表があります。

上にあるのが買いの場合の表で下が売りの場合の表になります。

まずは買いの場合の表から見てみましょう。

Aの欄にエントリー価格、ロスカット価格、注文数量を入力します。

ロスカット価格は、株価が上昇すればトレイリングストップにより随時変更します。

B　返済価格と数量を入力します。

　入力すると、損益（1単位あたり）、小計、残数量が表示されます。

C　確定損益は、Bで入力した確定分の合計損益です。

　ロスカット分損益は、残りの数量がロスカットにかかった場合の損益です。

　合計損益は、確定損益とロスカットと仮定した損益の合計です。

　1株（枚）あたり損益は、単位あたりの損益です。

D　合計損益が0を超えると表示されます。

　合計損益がプラスになると今回の売買において損益がプラスになることが確定します。

使用例を見てみましょう。
図22をご覧ください。

図22

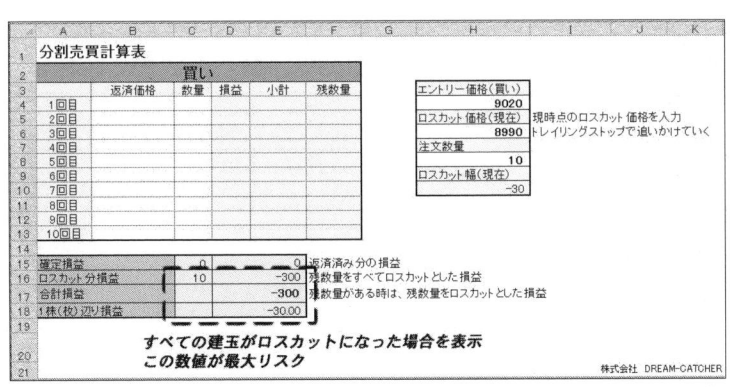

1.

エントリー価格、ロスカット価格、注文数量を入力します。

エントリー価格は9020円、枚数は10枚です。

ロスカット価格は8990円にしているのでロスカットまでの値幅は30円です。

第4章　分割売買活用術　137

この時点ではまだ1枚の返済もしていないので、−30円の10枚で−300円が表示されています。

この300円が今回の売買における最大リスクです。

図23をご覧ください。

図23

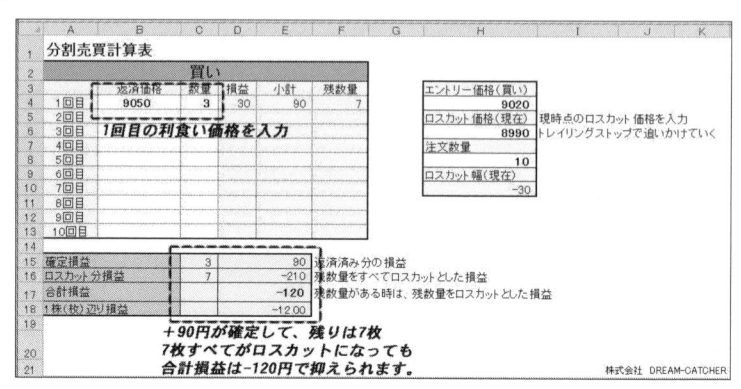

[図23: 分割売買計算表のスプレッドシート画像。エントリー価格（買い）9020、ロスカット価格（現在）8990、注文数量10、ロスカット幅（現在）−30。1回目 売済価格9050、数量3、損益30、小計90、残数量7。確定損益 90、ロスカット分損益 −210、合計損益 −120、1株（枚）切り損益 −12.00。+90円が確定して、残りは7枚。7枚すべてがロスカットになっても合計損益は−120円で抑えられます。株式会社 DREAM-CATCHER]

2.

1回目の利食いを9050円で3枚しました。

1枚あたり+30円で3枚返済ですので+90円が確定しました。

残りの建玉は7枚になりました。

残り7枚すべてがロスカットになった場合は−210円となり、合計損益は+90 − 210 = −120円になっています。

1回の利食いを行ったことにより、トータルでマイナスになった場合でも少ないマイナスで終了できるようになりました。

1枚あたりの損失は12円に抑えられる状態です。

次ページの図24をご覧ください。

図24

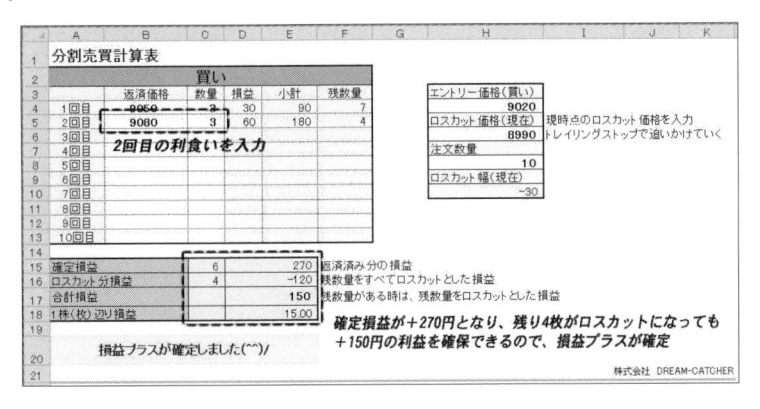

3.

2回目の利食いを9080円で3枚しました。

1枚あたり+60円で3枚返済ですので+180円の利益が確定しました。

先ほどの1回目の利食い分+90円と合わせて、+270円の利益です。

残りは4枚になりましたので、もしこのまま最初のロスカット価格で返済になっても残りは、-120円となり、合計損益は+270-120=+150円とプラスが確定しました。

9080円からは90円逆行しないとロスカットにはかかりませんので実際は、8990円まで下がるまでに返済しているでしょう。

これで残り4枚はリスクなしの状態となりました。

ここまではロスカット価格を変更しない場合を見てきました。

次は1回目の利食いができた時点でロスカット価格も30円引き上げる場合を見てみましょう。

1.

エントリー価格、ロスカット価格、注文数量を入力します。

エントリー価格は9020円、枚数は10枚です。

第4章　分割売買活用術　139

ロスカット価格は8990円にしているのでロスカットまでの値幅は30円です。

この時点ではまだ1枚の返済もしていないので、−30円の10枚で−300円が表示されています。

この300円が今回の売買における最大リスクです。

ここまでは先ほどと同じです。

図25をご覧ください。

図25

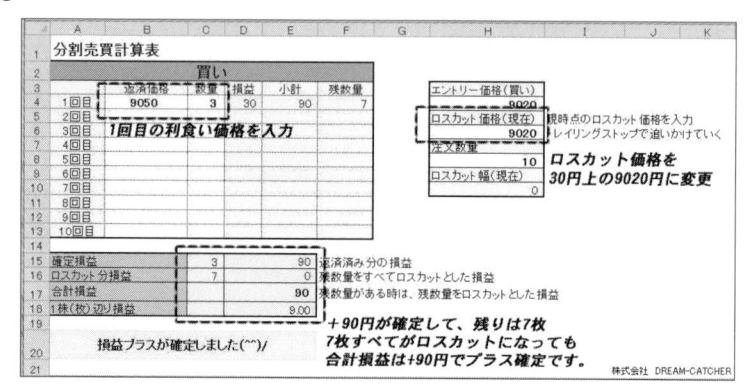

[分割売買計算表の画像：1回目の利食い価格9050円で3枚返済、損益+90円確定。ロスカット価格を9020円に変更。+90円が確定して、残りは7枚。7枚すべてがロスカットになっても合計損益は+90円でプラス確定です。]

2.

1回目の利食いを9050円で3枚しました。

1枚あたり+30円で3枚返済ですので+90円が確定しました。

残りの建玉は7枚になりました。

ロスカット価格を8990円から9020円に変更します。

これで残り7枚すべてを返済しても残りの損益は±0円となり合計損益は+90±0＝+90円となり、トータルでの損益プラスが確定します。

1回の利食いを行った上でロスカット価格を変更することにより、トータル損益をプラスで終了させることが可能となりました。

1枚あたりの損益は最低でも+9円となります。

次ページの図26をご覧ください。

図26

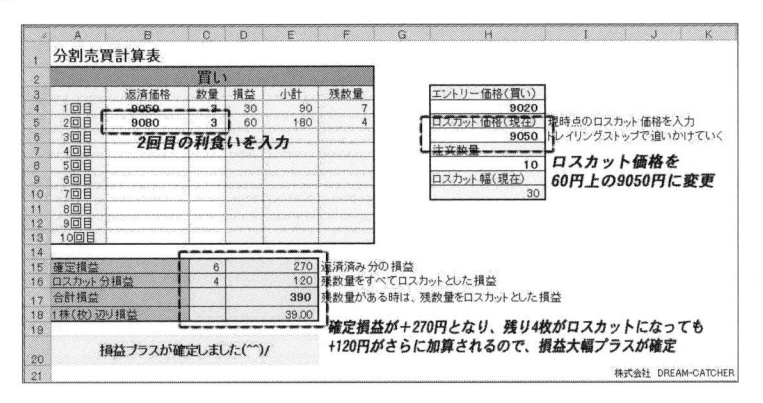

3.

2回目の利食いを9080円で3枚しました。

1枚あたり+60円で3枚返済ですので+180円の利益が確定しました。

先ほどの1回目の利食い分+90円と合わせて、+270円の利益です。

この時点でロスカット価格もさらに30円上の9050円に変更します。

残りは4枚になりましたので、もしこのまま変更したロスカット価格で返済になっても残りの玉の損益は+120円となり、合計損益は+270＋120＝+390円となり大幅プラスが確定となります。

残りの玉はトレイリングストップで引っ張れるだけ引っ張っても精神的に楽にトレードを続けることができます。

分割売買計算表のダウンロード先に関しては「終わりに」に記載していますので本を読み終えた後にダウンロードしてくださいね。

⑫ マネーマネージメントを行おう

◎トレードをする上で絶対になくてはならないものとは

トレードをする上で大切なものがあります。
また、トレードをする上で絶対になくてはならないものがあります。
絶対になくてはならないものってなんでしょうか。
利益になる可能性の高いシステムでしょうか。
エントリーするための基準になる条件でしょうか。
利食いの方法でしょうか。
損切りの設定方法でしょうか。
それとも強い意思でしょうか。

●絶対になくてはならないものは投資をするための資金です。

投資資金がなければ投資をすることができません。
最初に投資資金をある程度準備しても投資をしている間にすべてがなくなってしまったらどんなに素晴らしい手法が見つかってもトレードすることができません。
チャートを見ることはできますが、相場に参加することはできなくなってしまうのです。
トレードをしていて利益がなかなか出ずに資金が増えないということがあっても資金を失うよりはよいことです。
証券口座に残高が必要なだけ残っている限り稼ぐことのできるチャンスがやってくるからです。
大きなロスカットを被ることになると、その分の損失を埋めるためにはそれまで以上の血の滲むような努力が必要になります。
損失が大きくなればなるほど元の資金に戻すのは難しくなります。
元の資金が少なくなると同じ割合の利益を得ても資金が少ない分利益額も小

さくなるからです。

　100万円の資金で10％の利益を出すと10万円になります。
　90万円の資金で10％の利益を出すと9万円になります。
　80万円の資金で10％の利益を出すと8万円になります。
　70万円の資金で10％の利益を出すと7万円になります。
　60万円の資金で10％の利益を出すと6万円になります。
　50万円の資金で10％の利益を出すと5万円にしかなりません。

　100万円の資金のときには10％の利益で10万円になったのに資金が半分の50万円になってしまうと100万円の資金と同じ10万円の利益を出すためには20％の利益を出さなければなりません。
　割合で言うと倍の利益を出さなければならないのです。
　これはとても大変なことです。それまでと同じ手法で元に戻すことは非常に難しいでしょう。

◎リスクとリターンが同じ比率でエントリーすべきではない

　トレードをやっている以上、勝率100％にするのは無理なことです。
　仮に100回のトレードを行えば損失になるトレードは必ずあります。それは10敗かもしれませんし、30敗かもしれません。中には50敗という人もいるでしょう。
　トレードにおいて勝率100％はあり得ないのですね。
　勝率100％はあり得ないのですから自分の資金全部を一気に使ってトレードをしてはいけないということがわかります。
　これは、マネーマネージメントをしっかりと行わなければならないということです。
　マネーマネージメントをしっかりと理解し実行していかないと自分の証券口座はあっというまに底をつき、相場の世界からの退場という最悪の事態を招くことになってしまいます。

一般的に許容できるリスクは1回の売買において資金の2%以内に抑えるのがよいと思います。

　1回の損失が資金の2%以内であれば10連敗しても資金の20%ダウンですみます。

　80%の資金は手元に残ることになります。

　仮に20連敗したら資金の40%を失います。

　投資資金の40%を失った場合には元に戻すことは非常に難しくなります。

　それは先ほどの例を見れば一目瞭然ですね。

　しかし、ここで問題になるのは資金の40%を失ったことではありません。

　20連敗するような裁量の技術しかないのであれば実際に自分のお金を使って売買をしてはだめなんですね。

　最悪でも10連敗と考えてください。

　それ以上負けるようであればあなたの技術が足りないということです。

　技術がないのに大切なお金を使って相場に参加してはいけないのです。

　相場はギャンブルではありません。大切なお金を増やす場です。

　売買1回の損失は2%以内に抑えるべきですが、2%すべてを使う必要はありません。

　リスクが低くリターンが高いと思われる場面ではリスクを2%とし、リスクが若干高いような場面では1%〜1.5%にするなどの対応が必要です。

　仮に200万円の資金でトレードをしている場合だと2%は4万円ですね。

　日経225先物mini3枚でエントリーした場合に、ほぼ4万円の損失になるのは1枚あたり130円の損失ですね。

　130円×3枚×100倍＝39000円となります。

　あなたはデイトレで130円の損失を受け入れられますか？

　そのままでも大きなロスカットですね。

　仮に130円のロスカットを受け入れたとして利食い目標はいくらにするのでしょうか。

　仮に130円の利益が見込めるとした場合に130円の損失を受け入れると1：1になります。利益：損失が1：1ではエントリーすべきではありませんね。

リスクとリターンが同じ比率ではエントリーするべきではないのです。

利食いに対する損切りは1/2以下に抑えるのが望ましいと思います。利益2に対して損失は1以下に抑えなければならないのです。

30円のロスカット設定でエントリーした場合には想定利食い幅を60円以上にするということです。

50円のロスカット設定でエントリーする場合には100円の利益が見込めるのかどうかを考えてください。

過去1週間の1日の値幅はどれくらいなのかを見ると今日の値幅がどのくらいになるのか見当をつけることができます。

もしロスカットの2倍の利益が見込めないのであればエントリーをしない。またはmini3枚ではなく2枚にするなどで対応するのがよいでしょう。

ただし、最低枚数である1枚での売買は極力避けるべきです。1枚の売買ではエントリーも手仕舞いも正解でないと利益にはなりません。

最低でも2枚でエントリーをして分割売買をするべきです。

できることであれば3回の分割利食いができて、残りを引っ張ることができるように4単位以上でのエントリーをするのがよいですね。

⑬ マネーマネージメントを習得するほうが、技術を磨くよりも大事

◎ギャンブルではなく、資産運用とするために

　マネーマネージメントについてもう少し考えてみましょう。
　マネーマネージメントが重要だと考えているトレーダーはどれだけいるのでしょう？
　マネーマネージメントというものがあること自体を知らないトレーダーも多いのが事実なのかもしれませんね。
　実際にマネーマネージメントを習得しているトレーダーは5％程度ではないでしょうか。
　残りの95％のトレーダーはマネーマネージメントを使わずに相場に参加しているのです。
　マネーマネージメントを使用しないで行うトレードは資産運用ではなくギャンブルと呼ばれても仕方がないでしょう。
　マネーマネージメントを使うことにより相場はギャンブルではなく資産運用になるのです。
　世間一般では投資で稼ぐ人というと頭のいい人と思われています。それに対してギャンブルする人はただの愚か者とみなされています。
　投資においてもマネーマネージメントを使えないトレーダーはギャンブラーと言われても仕方ないのです。
　マネーマネージメントがしっかりしていれば多少技術が劣っていても利益を手にすることができるのです。
　技術を磨くよりもマネーマネージメントを習得するほうが利益につながるのですね。
　では、もう少しマネーマネージメントについて考えていくことにしましょう。
　現在、私のブログではマネーマネージメントについての記述は皆無と言ってもよいでしょう。
　しかし、私はマネーマネージメントを習得していてそれを有効に使っていま

す。
　相場において自分の投資資金全部を使って相場に参加すればとんでもない大金を手に入れることができるかもしれません。
　逆に破産するのも簡単にできるかもしれません。(笑)
　大金を手に入れる可能性と破産する可能性が同じであったら勝負をするでしょうか。
　大金持ちになる確率と一文無しになる確率が同じなのです。
　私ならしません。そんな丁半博打みたいなことできるわけないですよね。
　相場はギャンブルではなく資産運用の場だからです。
　マネーマネージメントを習得していれば勝率が50％でも利益を得ることができるのです。
　マネーマネージメントなんて聞くとすごく難しく感じるかもしれませんね。
　難しいと思っているから興味を持つこともできないしヤル気にもならないのですね。
　大切な自分のお金で投資をしているのですから守るのは当たり前です。
　お金を守る手段としてマネーマネージメントは絶対に必要なのです。
　ギャンブルの世界にだってマネーマネージメントが存在するのですから、相場の世界でマネーマネージメントを使うのは当たり前なのです。

◎破産の道と資産運用への道の分岐点

　まずは損失について考えてみましょう。
　相場に参加していると負けが続くときが必ずあります。連敗するということですね。
　何連敗するかは誰にもわかりません。マネーマネージメントを使用しないでやっていると5連敗もすると嫌になって自分の手法を変えてしまうでしょう。
　システムトレードをしている場合なら5連敗すれば他のシステムに乗り換えたくなり、多くのサイトから有料のシステムを買うことになります。
　そしてそのシステムで5連敗するとまた他のシステムに乗り換えるのです。
　こうして永遠にシステムを買い続けることになるのです。

第4章　分割売買活用術　147

先ほどと同じようなことを書きます。しかし、前半の文章が違うと感じ方も変わってくるかもしれませんので「同じこと書いてるじゃん」と思わずに読んでみてください。

100万円の資金があるとして日経225先物の売買をする際に1回のトレードでどれだけの損失を受け入れればいいのでしょう？

日経225先物ラージ1枚の売買をして1回の損失が10万円になったとすると5連敗で50万円の損失となり全資金の50％を失います。

これはどう見てもリスクをとりすぎているということがわかりますね。

相場の原理原則を勉強し、それを実行すれば大きな連敗はなくなります。

それでも5連敗するということがあるかもしれませんね。

5連敗はほとんどあり得ないとしたらその倍である10連敗する可能性は非常に低いものになるでしょう。

このあり得ないであろう10連敗が起こったとしても相場を続けていけるだけの資産を残さなければなりません。

10連敗しても資金の3/4が残るような損失リスクをとるべきなのです。

そのためには1回のエントリーに対するリスクを2％以内に抑えなければなりません。

仮に一回の損失リスクを5％まで許容すれば10連敗すると資金は半分になってしまいます。

元の資金が50％減った場合に元の資金に戻すためには100％の利益を上げなければならないのです。

100％の利益を上げてようやく収支がトントンになるのです。

負ければ負けるほどそれを取り返そうとして大きな勝負に出るのが普通の人です。

そしてどんどん大きなリスクをとることになり自分の首を絞めていくのです。

そのときの精神状態を考えてみると、とんでもないことになるのがわかるでしょう。

つまり、最大のリスク許容度は2％にするのが破産の道と資産運用への道の分岐点なのです。

100万円の資金で始めるのであれば1回のリスクは2%の2万円にするのが安全なのですね。

　ラージ1枚でエントリーした場合、30円の損失を受けると実際には3万円の損失となります。

　これではリスク許容量を超えてしまいます。

　つまり20円でのロスカットを徹底しなければならないのです。

　しかし、日経225先物で20円の損失というのはすぐに起こります。

　ちょっとした価格のブレで20円なんてすぐなんですね。

　ですから100万円の資金ではラージの運用をするのはリスクが高すぎるということになります。

　私の場合を例にするとデイトレをする際のロスカットは30円〜50円の間です。

　平均して40円のロスカットだとしたら100万円の資金では日経225先物miniを何枚まで運用できるのかを計算してみましょう。

　1回のエントリーにおける許容リスクは2%です。

　資金が100万円ですから1回のエントリーでは2万円までの損失を受け入れることができるのですね。

　平均40円のロスカットだとmini1枚で4000円です。

　20000÷4000＝mini5枚となります。

　つまり100万円の資金であれば1回のエントリーで最大日経225先物mini5枚までのエントリーが可能であるということです。

　これなら10連敗しても資金の1/5を失うだけに抑えることができます。

　mini5枚というのは最大でですからよほど自信のあるエントリーのときだけにします。

　通常はさらに安全策をとって半分近くのmini3枚にするのがよいのではないでしょうか。

　ただし、心理的にも大きな負担にならないようにすることが重要です。

　常にドキドキしているトレードをしているとストレスがたまってしまいますからね。

この方法をとっても100万円の資金が半分の50万円になるようであればそれは技術が足りないということになります。
　まずはバーチャルトレードから始めて、バーチャルトレードで利益が出せるようになってから実際のお金を使って売買するべきでしょう。
　大切なお金を無駄に使うことのないようにしてくださいね。

第5章

シナリオ売買実践法

〜パニックに陥らないために〜

① シナリオを考えよう

◎思惑とは反対の方向に動いたときのことを考えておく

　相場で利益を上げるためにシナリオを考えましょう。
　トレードをする前に、シナリオやプランを立てることは非常に重要です。
　売買するときは、シナリオやプラン、相場の定石に従わなければいけません。
　トレードプランを立てそのプランのとおりにトレードをしましょう。
　プランを持つことは、なぜトレードするのかを自分自身が考えたことを意味し、そのトレードについて十分に根拠があるということです。
　トレードの根拠を考えないでプランなど作れないからです。
　売買してから様子見するなどは、博打と同じで運任せと言えます。
　私たちは相場が上昇するのか、下落するのかを確実に知ることはできません。相場の動きを知っているのは相場の神様だけなのです。
　相場の原理原則やセオリー、そして確率を味方につけ状況を判断することでトレードしましょう。
　トレードプランやシナリオを持つということは、思惑とは反対の方向に動いたときにどうすべきかをあらかじめ考えておくということです。
　したがって自分の思惑と反対に動いたときに、固まってしまってパニックになるようなことはありません。
　人間はパニックに陥ると通常では絶対に行わない行動をたやすく行ってしまいます。
　ですからパニックにならないようにあらかじめトレードプランを立てシナリオを持つのです。
　セオリーや確率を判断してトレードプランを立てると上手くいかないときより上手くいく回数のほうがはるかに多くなるはずです。
　一日の相場が終わってからじっくり明日のトレードプランを考えるといいでしょう。トレードプランを立てるための時間はたっぷりあります。
　日中のトレードをメインで行っているのであれば、無理してナイトセッショ

ンでの取引を行う必要はありません。

　ナイトセッションの取引をメインで行っているのであれば、FXなど他の商品を無理してトレードする必要はありません。

　まずは確実に利益を上げることのできる商品を見つけることです。その商品のことを研究し、癖を知り、常に利益を得られる可能性の高いトレードプランを立てられるようにしましょう。

◎トレードプランの立て方

　トレードプランは次のようにして立てます。

1. 中期波動に沿ってトレードする（自分の時間軸の1つ、2つ上の時間軸）。
2. 上昇トレンドでは押し目買い、下落トレンドでは戻り売りをする。
3. 長期トレンドから短期トレンドを見る。
4. 週足・月足のチャートもたまには見る。
5. 重要な支持・抵抗はどこかを調べる。
6. 移動平均線の方向はどちらかを調べる。
7. 重要なトレンドライン・チャンネルはどこかを調べる。
8. 38.2%・50%・61.8%の押し・戻しはどこかを調べる。
（フィボナッチ・日本でいう三分の一押し・半値押し・三分の二押しと同じ）
9. 明らかな3波・5波のパターンはあるかどうかを確認する。
10. オシレータは、買われすぎか？　売られすぎか？　を調べる。
11. オシレータにダイバージェンスはあるかどうかを確認する。
12. 相場をシンプルに考える。複雑なものが良いとは限らない。
13. 市場の参入・撤退はザラバチャートを使う。
14. 分割売買、あるいは分割仕掛けと分割利食いを利用する。
15. 分割仕掛けのとき、負けているポジションから手仕舞う。
16. 常にストップオーダーを使って損失を限定する。
17. マネーマネージメントの原則に従う。
18. シナリオは3つくらい考える。

19. ニュースや情報は、無視するようにする、あまり真剣に受け取らない。
20. 少数派であることを恐れない。市場において正しいときは、往々にして多くの人と意見が合わない。

　ここまでのことをチェックしてから現在までの流れを考えます。
「えっ、こんなにも多くのことをチェックするの？」
「そんなこと自分にはできないよ」。
　そう思われた方もいるかもしれません。
　あなたは相場を仕事として捉えていますか、それともギャンブルとして捉えていますか。
　または簡単に儲かる方法のあるものと捉えていますか。
　相場で利益を上げるためには最低限行わなければならないことがあります。
　それが上記の項目です。
　最低でもこれだけのことを行わなければ相場を仕事として捉えることはできません。
　相場は単に自分の欲求を満たしてくれるギャンブルになります。
　これができなければ相場を仕事として行うのは諦めたほうがいいでしょう。
　仕事として利益を得ることを諦めてください。
　私は相場を仕事として捉えています。
　ですから上記のことを確認するということは面倒なことではなく楽しいことなのです。
　だって仕事って楽しいものじゃないですか。
　仕事がつまらなければ人生もつまらなくなります。
　仕事を楽しむためには仕事を好きになることです。
　好きになるためには一生懸命やることです。
　本気で真剣に相場に向かい合うのです。
　そうすれば相場が自分に向いているのか向いていないのかがわかります。
　もし本気で真剣に一生懸命やっても好きになれないのであれば違う職業を選択したほうが幸せになれる可能性が高くなります。

相場だけが仕事ではありません。
相場だけが人生ではありません。
一生懸命にやって楽しいと感じることができたのであれば前記の項目を調べることは楽しいことになってきます。

◎チェックリストを作成しよう

さて、上記の項目を調べ終わったらそれを元に現在の流れを考えていきます。

大きなトレンドは、上なのか下なのか？
前日のトレンドは　上なのか下なのか？

では、それを受けて本日のトレンドはどうなるのか？　と考えていきます。
裁量の技量が上がってくると「当日のトレンド」を重視するようになります。
それはなぜかというと、

「大きなトレンド」
「前日のトレンド」

というのは当然のこととして頭に入っているからです。
意識しなくても大きなトレンドや前日のトレンドは体が覚えているのです。
「大きなトレンドは○○」「前日は△△」
では、それを受けて本日はどうなるのか。

- 前日のトレンドを引き継ぐのであれば…
- 前日が反トレンド（調整）だと考えると…
- トレンドの時間は…　反トレンドの時間は…　またその値幅は…

「大きなトレンド」→「前日のトレンド」→「当日のトレンド」の順に通常は考えますが、逆に考えることも必要なのです。

第5章　シナリオ売買実践法

「当日のトレンドが大きなトレンドにどのような影響を及ぼすか」ということです。
　だいたいこういうことを考えシナリオやプランを立てます。
　そして、買うのか・売るのか・見送るのか、結論を出します。
　次に考えることは、

①**その結論により取引枚数を考える（よくわからなければ減らすなど）**
②**許容できるリスクはいくらか**
③**利益目標は？**
④**どのタイミングで市場に参加するのか？　寄り付きかザラバか。**
⑤**買うなり売るなりしたときは、ロスカットはどの価格にするのか。**

　こういうチェックリストで考えたからといって、そのトレードが成功するとは限りません。
　しかし正しい問題意識を持つことには役立つと思います。
　チェックリストを持たない人より、持った人のほうがはるかに正しい答えを見つけ出すことができるはずです。
　皆さんも自分自身のチェックリストを作成してくださいね。

　テクニカル分析は、経験と学習で上達します。常に学習し続けることですね。

② シナリオと違う動きになった場合

◎最初はイライラするのは当たり前

　いくらトレードプランやシナリオを立てて相場に臨んでもそのシナリオどおりの動きになるとは限りません。
　いやむしろシナリオどおりの動きにならないほうが多いかもしれません。
　では、シナリオと相場が違ったときにはどのような心持ちで臨めばいいのでしょうか。
　例えば、今日の寄り付きが9000円となり、その後調整に入り株価が下落する可能性が高い、というシナリオを立てたとします。
　実際には下げることなく9100円までダラダラと上昇してきたとします。
　シナリオを立てることに慣れていないころには次のような気持ちになります。
　「相場が自分の考えと違う動きになっている。なんでだろう？」。
　「上げるなら一気に上げれば諦めもつくのにどうしてダラダラと上げるのだろう？」。
　「こんな上昇では買うに買えないし、売るに売れない。今日は売買ができないのか？」。
　このようなネガティブなことではないでしょうか。
　そしてすごくイライラするのです。
　ストレスフリーを目指してシナリオ売買を行っているのに逆にストレスがたまってしまうのですね。
　ネガティブに考えるからストレスがたまるのだから、こんなときは割りきってビジネスライクに考えればいいのではないかと思いますよね。
　「相場の動きが自分のシナリオと違うのだから仕方ない」。
　「自分でどうこうできるわけではない」。
　「相手が相場なんだから取引が閑散としていて動きが緩慢なときもあるだろう」。
　「今日売買できなくても明日売買すればいいや」。

このように考えることができればとても楽になりますよね。
でも、実際はそう簡単に割り切れるものではありません。
こう思うのは当然のことであり、多くの人が通る道です。
特にシナリオ売買を始めた当初というのはこのように考えることが多くなります。なぜなら、多くの本やセミナーに参加し、相場の勉強をしているのです。
そして、その中から新しい手法を見つけ自分のものにしようとチャレンジしているのです。
新しい手法に希望を持ち、自分の夢が叶うのではないかとワクワクしているのです。
それが思ったとおりにならないのですからイライラするのは当たり前です。
新しい手法というのは、すぐに確実に儲かるテクニックなのではないかと思っているのですね。
しかし、テクニックや手法と心理の揺れ動きは全く別のものなのです。
シナリオ売買を長く経験されている方からメールをいただくことがあります。
その方々からのメールで目につくのが次のような言葉です。
「無駄な売買をすることがなくなってきました」。
「チャンスを待てるようになりました」。
「エントリーできない日でもイライラしなくなりました」。
つまり、シナリオ売買を自分のものにできたということだと思います。

◎シナリオが崩れたらエントリーしない

ちょっと無駄打ちをなくすためにはどうすればいいのか考えてみましょう。
無駄打ちとはなんでしょうか。
1回の売買において損益がマイナスになったから無駄なエントリーになってしまった。
だから今回のエントリーは無駄打ちだった、という意味ではありません。
無駄打ちとは次のようなエントリーを言います。

●その場の思いつきでエントリーしてしまった。

●自分のエントリー条件に達していないのに待ちきれずにエントリーしてしまった。
●売買板を見ていたら、株価の動きに勢いがあったのでエントリーしてしまった。
●売買で損失を出してしまい、その負けを取り返そうと考え無理やりドテンした。または、ナンピンした。

　つまり、利益になる可能性が低いのにも関わらずエントリーしてしまった売買を無駄打ちというのです。
　これらの無駄打ちを減らすためには、
　「戦略を前もって立てておき、それ以外のエントリーはしないと決める」。
　これに尽きます。
　無駄撃ちを減らすためには、
　「戦略を前もって立てておき、それ以外のエントリーはしない」。
　ということが重要です。
　今まで毎日エントリーしていた人がエントリーしないようにするというのはすごく大変です。
　自分のエントリー条件に合わず、1日に1回のエントリーチャンスがないこともあります。
　2日連続3日連続でエントリーチャンスがこないことだってあるのです。
　ここで我慢できずにエントリーしているようでは無駄打ちをなくすことはできません。
　戦略は、本やセミナーで学んでいきながら徐々に精度を上げたり、幅を広げたりすればいいのです。
　まず、最初にやることは相場中毒から脱却することです。そして無駄撃ちをなくすことです。
　この2つを考えて行動していくようにしてくださいね。
　多くの人は相場の成功や失敗ということを損益で評価しがちですが、
　「シナリオで想定していない動きだったので見送れた」

第5章　シナリオ売買実践法

ということで自分を褒めてあげてもいいと思いますよ。

エントリーするべきでない場面では待つ。

何もしないということもとても大切なのです。

自分のシナリオにはない飛び乗り売買で利益を上げたとしてもそれは成功ではありません。失敗売買なのです。

このような失敗売買を繰り返し行ってもプラスにはなりません。プラスにならないどころかマイナスになってしまうのです。

失敗売買とは間違った売買のことです。成功売買とは正しい売買のことです。正しい売買を行った場合でも損失になることは当然あるのです。

しかし、その損失は後になって必ず自分にプラスになって返ってきます。正しい売買の損失は貯金しているようなものなのですね。

逆に、間違った売買を行ったときに利益になることも当然あるのですね。しかし、その利益は損失と同じように後になって必ず自分に返ってきます。返ってくるのはプラスになって返ってくるのではなくマイナスとなって返ってくるのです。

つまり、間違った売買による利益は借金をしているのと同じことなのです。

貯金するのと借金するのとでは、将来どちらのほうが多くのお金が貯まるのかは子供にだってわかりますよね。その子供にさえ理解できることを、相場に参加している多くの人は実行することができないのです。

ここまで読んでも実行できないという人は、実際にお金を使って売買をするのではなく、バーチャルトレードを行ってください。

バーチャルトレードでしたらいくらエントリーしても損失にはなりません。

バーチャルトレードで利益を上げられるようになってから実際のお金を使って売買をするのです。

このバーチャルトレードさえできないという人は、どうぞ自分のお金を使って今までどおりに売買を続けてください。

もちろん、相場をギャンブルと捉えて。

その結果行き着くのは……

第6章

初公開！
日経225先物 売買譜

～私はこんなトレードを行っている～

① 実践ストレスフリートレード

　この章では実際のチャートを見ながらどのようにしてストレスフリートレードを行っているのかを見ていくことにしましょう。
　私はナイトセッションの売買と日中の売買の両方を行っているのでナイトセッションと日中の売買結果を交互に説明していきます。
　ナイトセッションの売買を行うときにはナイトセッションのデータを含んだチャートを見て売買を行います。また、ピークボトム合成図もナイトセッションのデータを含んでいます。
　日中の売買を行うときには日中のみのデータのチャートをメインに見ています。また、ピークボトム合成図も日中のみのデータによるものとなります。
　場が始まる前の各時間軸の状況からシナリオの立て方を見ていきます。
　そして実際に2012年11月第2週に私がどのような売買をしたのか、そして売買の結果はどうであったのかについて明らかにしていきます。
　ここまで実践的なことを書くのは今回初めてになります。
　じっくりと読んでいただきたいと思います。
　ここに書かれている売買譜は実際に相場塾会員さん向けに配信している日々メールの内容を元にしています。
　この売買譜は1回読んだだけでは理解することは難しいかもしれません。
　納得いくまで何回でも読み返していただけることを願っています。
　納得して理解してぜひ自分のものにしてくださいね。
　この売買譜があなたの売買のお役に立てることを願っています。

◎2012年11月2日ナイトセッションの取引

　2012年11月2日のナイトセッションでの取引から見ていきましょう。
　ナイトセッションが始まる前のチャートをご覧ください。

図27　60分足　ナイト有り

図28　15分足　ナイト有り

第6章　初公開！日経225先物 売買譜

図29　ピークボトム合成図　ナイト有り

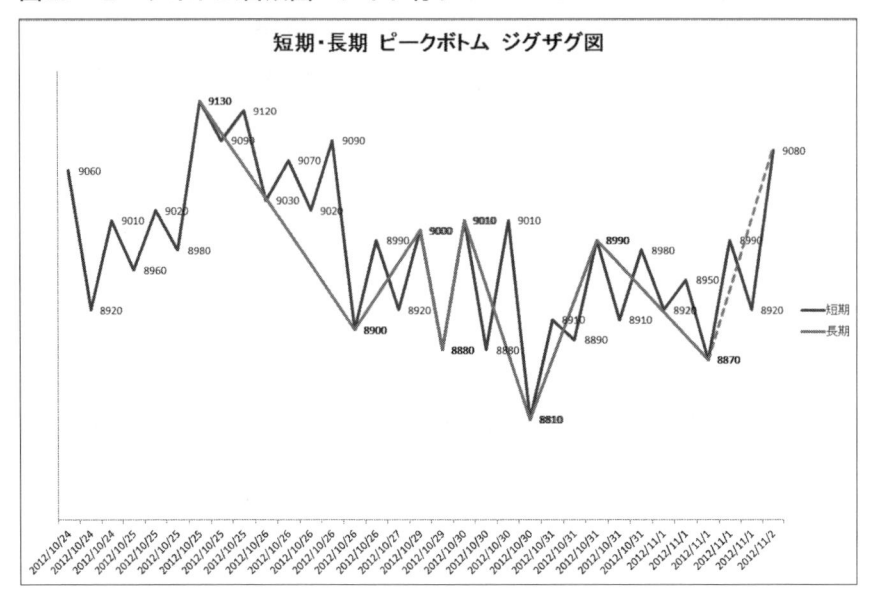

　私はデイトレの場合はこの2つのチャートとピークボトム合成図を元にシナリオを考え売買を行っています。これは日中のデイトレもナイトセッションでのデイトレも同じです。
　そして、この本の最初のほうで書いた3つのトレンドの判断方法を使用しています。

1. ピークボトムによるトレンド判断

　上昇トレンドとは、高値安値ともに切り上げている状態
　下降トレンド（下落トレンド）とは高値安値ともに切り下げている状態
　トレンドレスとは上昇トレンドにも下落トレンドにも当てはまらない状態
　高値切り上げ、安値切り下げ
　高値切り下げ、安値切り上げ

2. 株価と移動平均線との関係によるトレンド判断

現在の株価が、移動平均線の上にあるのか下にあるのかを判断材料とします。

移動平均線とは、一定期間の平均値ですから株価が移動平均線よりも上にある場合は、その期間の買い方は利益になっていて、売り方は損失になっています。

つまり、株価が移動平均線よりも上にある場合は上が有利であり、株価が移動平均線よりも下にある場合は下が有利であると言えます。

株価と移動平均線の関係とともに移動平均線の傾きも見ていきます。

移動平均線の傾きがきつければきついほどトレンドが強いと言えます。

3. 株価と移動平均線とストキャスティクスとの関係によるトレンド判断

上昇トレンド　MAの上で、売られすぎになる
下降トレンド　MAの下で、買われすぎになる
トレンドレス　MAの上で買われすぎ　＋　MAの下で売られすぎになる

まずは60分足のトレンド判断から見ていきましょう。

1. ピークボトムによるトレンド判断

高値　8990 - 9080（未確定）
安値　8810 - 8870
高値切り上げ安値切り上げの上昇トレンド。

2. 株価と移動平均線との関係によるトレンド判断

株価は移動平均線の帯の上にありますので上昇トレンド。

3. 株価と移動平均線とストキャスティクスとの関係によるトレンド判断

移動平均線の帯の下でのストキャスティクスの売られすぎから移動平均線の帯の上でのストキャスティクスの買われすぎなのでトレンドレス。

次に15分足のトレンド判断を見ていきます。

1. ピークボトムによるトレンド判断
   高値　8990 - 9080
   安値　8870 - 8920
   高値切り上げ安値切り上げの上昇トレンド。

2. 株価と移動平均線との関係によるトレンド判断
   株価は移動平均線の帯の上限にありますので上昇トレンド。

3. 株価と移動平均線とストキャスティクスとの関係によるトレンド判断
   移動平均線の帯の上でのストキャスティクスの買われすぎから移動平均線の帯の上でのストキャスティクスの売られすぎなので上昇トレンド。

総合的にトレンドを判断してみましょう。

60分足
　上昇トレンド
　上昇トレンド
　トレンドレス

15分足
　上昇トレンド
　上昇トレンド
　上昇トレンド

　60分足のひとつを除いてすべてが上昇トレンドになっています。
　15分足60分足、両方のチャートが上昇トレンドとなり、株価も移動平均線の上で買い方有利なチャートになりました。
　日中の動きはナイトセッション込のチャートで見ると15分足の移動平均線

上限までの調整になっているのがわかります。

とても良い感じの調整ですね。

ここには載っていませんが、5分足を見ても移動平均線の帯を割った後、戻して移動平均線と同価格帯での動きになっています。

ナイトセッションでは、日中の安値9030円を割らずに上への動きになるのであれば買えるチャートです。

夜9時半には多くの経済指標が発表になりますので、大きく動く可能性があります。

玉を建てた場合にはしっかりとロスカットをするということも必要になります。

当日、ナイトセッションが始まる前にはこのような考えを持って臨みました。

ここからは実際の動きに合わせてどのような対応をしたのかを書いていきます。

図30をご覧ください。

図30

午後9:30には雇用統計の発表を控えていて、大きく動く可能性がありました。大きく動く可能性があろうとなかろうと、常にロスカットを設定しロスカッ

第6章 初公開！日経225先物 売買譜 167

トにかかったら必ずロスカットを実行することが必要です。

9050円で寄り付いた後はヨコヨコになりました。

15分足の移動平均線上限に沿っての動きであり時間の調整となっています。

流れは上になっていますので時間の調整の後の動きは上になる可能性が高いということになります。

18時過ぎに9040円を付けた後9070円が付くのを見て9060円で買い、mini50枚。買っているのは図のAの地点です。

通常はmini100枚でのエントリーをしていますが、雇用統計の発表というイベントがあり、建玉すべてがストレートでロスカットにかかる可能性もあるのでエントリー枚数は半分の50枚としました。

ロスカットは9040円の10円下である9030円が付いた時点とします。

21：30まではヨコヨコが続き、雇用統計発表により上への動きとなりました。

Bの9090円で1回目の利食い20枚。残り枚数は30枚。

その後は9100円を頭にヨコヨコという動きになりました。

上に動いてヨコヨコということは上に行かなければならないのですね。

それが9100円を頭に下落開始となりました。

この動きはおかしいという感じを得られると思います。

変調を感じるということですね。

Cの9070円で10枚を返済。残りは20枚。

9070円で返済した後も下げ止まらず5分足の移動平均線の帯を下回ってきました。

残りの20枚はエントリーと同値のDの9060円で返済して終了となりました。

60分足で見ると9050円から9100円までローソク足1本で上昇し、次の足では9100円から9050円までの下落になっています。

値幅は50円ですが、ビッグニュースリバーサルの形ですね。

ビッグニュースリバーサルとは次のようなものです。

ビッグニュースリバーサルとは名前のとおりビッグニュースが飛び出したときのトレード方法です。

※　ビッグニュースリバーサルの簡単なルール
- 大きなニュースが起こって大きく動くのを確認する
- 大きく動く前の終値を確認する
- 大きく動いた反対に大きく動く前の価格で逆指値をおく

　大きく動く前の終値は9050円です。
　9050円で売り50枚。Eの地点です。ロスカットは9100円の10円上である9110円としました。
　ビッグニュースリバーサルが成功する場合はエントリー後ヨコヨコになることは少ないのですね。
　そのまま反対方向への動きにつながることが多いのです。
　しかし、金曜は9050円が付いた後は、miniでは一度9030円を付けましたが、9040円 − 9060円の20円幅での動きとなりました。
　24時過ぎにFの地点でエントリーと同値の9050円で30枚を返済。残り20枚。
　利食いとロスカット注文を設定してそのまま就寝となりました。
　翌営業日の11月5日の寄り付きがギャップダウンでの寄り付きとなりましたので残りの20枚は寄り付き価格Gの9000円で返済して終了となっています。

11月2日ナイトセッション売買結果

　9060円50枚買い。
　9090円20枚返済　　＋60000円
　9070円10枚返済　　＋10000円
　9060円20枚返済　　±0円

　9050円50枚売り。
　9050円30枚返済　　±0円
　9000円20枚返済　　＋100000円
　合計損益　　　　　＋170000円

◎2012年11月5日日中の取引

では、次に2012年11月5日の日中のデイトレについて見てみましょう。

図31　60分足　日中のみ

図32　15分足　日中のみ

図33　ピークボトム合成図　日中のみ

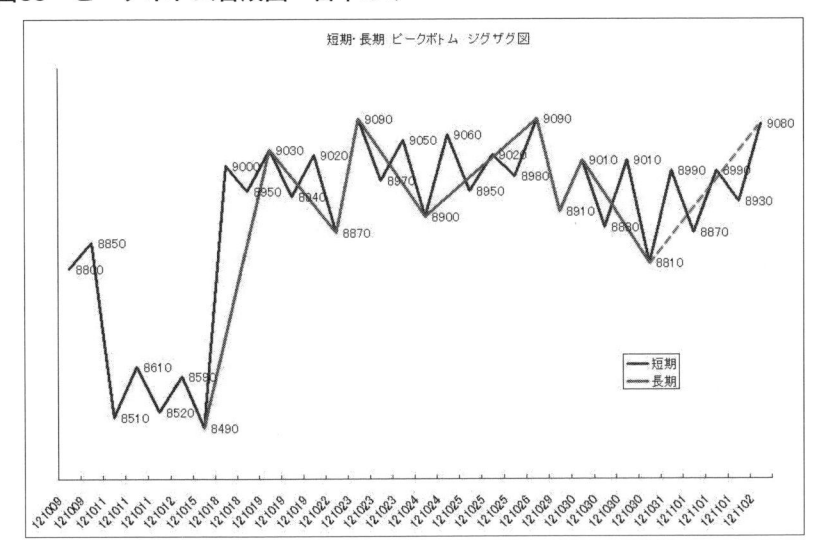

60分足のトレンド判断から見ていきます。

1. ピークボトムによるトレンド判断
　　高値　　9010 – 9080（未確定）
　　安値　　8910 – 8810
　　高値切り上げ安値切り下げのトレンドレス。

2. 株価と移動平均線との関係によるトレンド判断
　　株価は移動平均線の帯の上にありますので上昇トレンド。

3. 株価と移動平均線とストキャスティクスとの関係によるトレンド判断
　　移動平均線の帯の下から移動平均線の帯の上へと跨ぐ動きになっているのでトレンドレス。

次に15分足のトレンド判断を見ていきます。

1. ピークボトムによるトレンド判断

    高値　8990 - 9080
    安値　8870 - 8930
    高値切り上げ安値切り上げの上昇トレンド。

2. 株価と移動平均線との関係によるトレンド判断

    株価は移動平均線の帯の上限にありますので上昇トレンド。

3. 株価と移動平均線とストキャスティクスとの関係によるトレンド判断

    移動平均線の帯の上でのストキャスティクスの買われすぎから移動平均線の帯の上でのストキャスティクスの売られすぎなので上昇トレンド。

    総合的にトレンドを判断してみましょう。

60分足
    トレンドレス
    上昇トレンド
    トレンドレス

15分足
    上昇トレンド
    上昇トレンド
    上昇トレンド

　　両方の時間軸のチャートにおける3つのトレンド判断から上有利なチャートになっています。
　　寄り付きが9000円より少し上になると、15分足では移動平均線の帯の中になります。
　　この価格は60分足では移動平均線の帯の上です。

両方の足で移動平均線の上になりますので上有利なままでの寄り付きとなります。

そうなると買いを考えることからスタートになります。

まずは、15分足の移動平均線下限までの調整からの上昇を買うという方針からです。

売りを考えるのは収斂している60分足移動平均線の帯を下回ってからということになります。

図34

9000円での寄り付きとなり、15分足移動平均線の帯の中です。

9030円を付けた後、もう一度9000円を試しに行きますが割ることなく再び上への動きとなりました。

ここからの上昇は調整終了からの上昇開始と見ることができるので買えるチャートです。

15分足1本目の高値9030円を上に抜いたので9030円でmini100枚買い。ロスカットは9000円の10円下である8990円。

9030円で買った後は9050円を付けますが、それ以上の上昇にはならずに買

値に戻りました。

　11時過ぎまでヨコヨコが続いていたので半分の50枚を同値の9030円で返済、残り50枚。

　お昼を過ぎても上昇することなく動いていたので9015円で30枚を返済、残り20枚。

　13時前に残りの20枚も9005円で返済して終了。

タイムストップ

2012年11月5日日中売買結果

　9030円100枚買い。

9030円50枚返済	±0円
9015円30枚返済	−45000円
9005円20枚返済	−50000円
合計	−95000円

　最初に設定したロスカットは8990円で、すべての玉をストレートでロスカットすると1枚あたり40円のロスカットとなりmini100枚では400,000円の損失となります。

　しかし、私の行っている分割売買という手法を使うと上記のように少ない損失で抑えることができるのですね。

　投資で利益を上げるためにはいかに少ない損失で抑えることができるのかということが重要です。

　最初のうちは小さな損失でも受け入れることが難しいとは思いますが、株価が自分の想定している動きと異なる動きになった場合には積極的に損失を受け入れることが大切です。

　最初に決めたロスカットというのはあくまでも最悪の場合の損失を決めるためのものであり、必ずそのロスカットで決済をしなければならないというものではありません。

　最初に設定したロスカットを100％守っているようでは利益を伸ばすことはできません。

しかし、ロスカットを100％守らないということを、ロスカットの価格になったのにロスカットをしないで我慢することとは捉えないでくださいね。

　最初に決めたロスカットは最悪の場合の返済価格なのですから、これを守らないと最悪の最悪になってしまいます。

　一度ルールを破ると次のトレードでも同じようにルールを破るようになります。そうなれば、相場の世界からの退場は火を見るより明らかです。

　私たちが絶対にやってはいけないことは相場の世界からの退場です。

　利益が少なくても大きな損失にならなければ退場することはありません。

　まずは利益を伸ばすことよりも、いかに損失を小さくできるのかに意識を置き、トレードするようにしてください。

　しっかりと練習をして分割売買をマスターしてくださいね。

◎2012年11月5日ナイトセッションの取引

　11月5日ナイトセッションでの取引を見ていきましょう。

　ナイトセッションが始まる前のチャートをご覧ください。

図35　60分足　ナイト有り

図36　15分足　ナイト有り

図37　ピークボトム合成図　ナイト有り

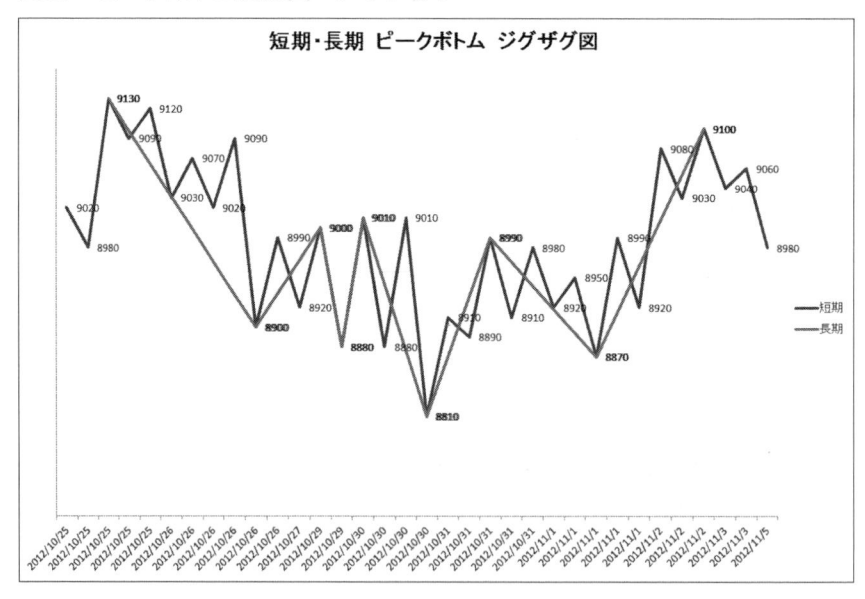

60分足のトレンド判断から見ていきます。

1. ピークボトムによるトレンド判断
　高値　8990 − 9100
　安値　8810 − 8870
　高値切り上げ安値切り上げの上昇トレンド。

2. 株価と移動平均線との関係によるトレンド判断
　株価は移動平均線の帯の中にありますが、75本移動平均線の上にあるので上昇トレンド。

3. 株価と移動平均線とストキャスティクスとの関係によるトレンド判断
　移動平均線の帯の上でのストキャスティクスの買われすぎから移動平均線の帯の上でのストキャスティクスの売られすぎなので上昇トレンド。

次に15分足のトレンド判断を見ていきます。

1. ピークボトムによるトレンド判断
　高値　9100 − 9060
　安値　9040 − 8980
　高値切り下げ安値切り下げの下降トレンド。

2. 株価と移動平均線との関係によるトレンド判断
　株価は移動平均線の帯の下限にありますので下降トレンド。

3. 株価と移動平均線とストキャスティクスとの関係によるトレンド判断
　移動平均線の帯の下でのストキャスティクスの売られすぎから移動平均線の帯の下でのストキャスティクスの買われすぎになってきたので下降トレンド。

総合的にトレンドを判断してみましょう。

60分足
　上昇トレンド
　上昇トレンド
　上昇トレンド

15分足
　下降トレンド
　下降トレンド
　下降トレンド

　60分足はすべての判断が上昇トレンドになっています。
　15分足はすべての判断が下降トレンドになっています。
　60分足と15分足のトレンドが逆になっているのです。
　15分足をメインのチャートとして見るのであれば、売ることのできるチャートです。60分足をメインのチャートとして見るのであれば、買うことのできるチャートです。売りを考えることもできるし、買いを考えることもできる状況にあるということです。
　このような状況では動いたほうについて行くという方針を立てることができます。日中の引けと同価格帯での寄り付きになった場合には、まず売りから考えていくことにします。
　上昇し9050円を超えてくるようであれば買い場探しをすることにします。
　当日、ナイトセッションが始まる前にはこのような考えを持って臨みました。
　ここからは実際の動きに合わせてどのような対応をしたのかを書いていきます。
　ナイトセッションは9010円の寄り付きとなりました。
　日中の引け値近辺での寄り付きとなりましたので売りから考えていくことになります。

日中引け前の高値が9030円を付けていましたので9030円から30円下の9000円が付くのを確認してから9010円でmini100枚の売り指値を入れました。

しかし、9010円の指値は約定せず株価はそのまま下への動きになりました。

その後1回目の利食い予定価格である8980円を付けたので売り指値の注文を取り消しました。近々、アメリカの大統領選挙が控えているので無理してエントリーする必要もないのでそのまま見ているだけとなりました。

11月5日のナイトセッションでの取引はありませんでした。

ノーエントリーです。

2012年11月5日ナイトセッション売買結果

ノーエントリー

合計損益　　　　　　　　±0円

◎2012年11月6日日中の取引

では、次に2012年11月6日の日中のデイトレについて見てみましょう。

図38　60分足　日中のみ

図39　15分足　日中のみ

図40　ピークボトム合成図　日中のみ

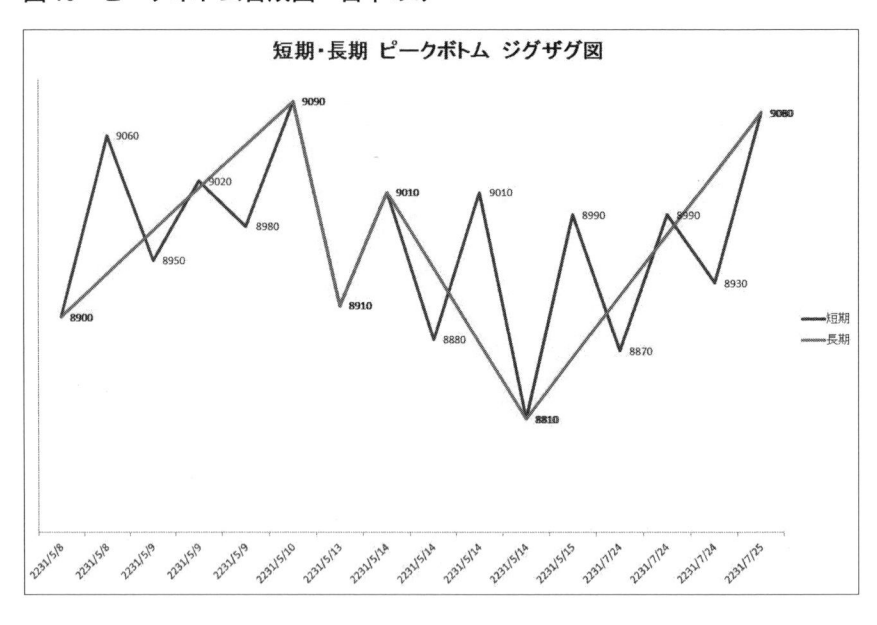

60分足のトレンド判断から見ていきます。

1. ピークボトムによるトレンド判断
　高値　9010 − 9080
　安値　8910 − 8810
　高値切り上げ安値切り下げのトレンドレス。

2. 株価と移動平均線との関係によるトレンド判断
　株価は移動平均線の帯の上にありますので上昇トレンド。

3. 株価と移動平均線とストキャスティクスとの関係によるトレンド判断
　移動平均線の帯の下から移動平均線の帯の上へと跨ぐ動きになった後、移動平均線まで下落していますがストキャは売られすぎまで下がっていませんのでトレンドレス。

次に15分足のトレンド判断を見ていきます。

1. ピークボトムによるトレンド判断
　高値　8990 − 9080
　安値　8870 − 8930
　高値切り上げ安値切り上げの上昇トレンド。

2. 株価と移動平均線との関係によるトレンド判断
　株価は収斂した移動平均線の帯と同価格帯にありますのでトレンドレス。

3. 株価と移動平均線とストキャスティクスとの関係によるトレンド判断
　移動平均線の帯の上でのストキャスティクスの買われすぎから移動平均線の帯の下への動きになってきたのでトレンドレス。

総合的にトレンドを判断してみましょう。

60分足
　トレンドレス
　上昇トレンド
　トレンドレス

15分足
　上昇トレンド
　トレンドレス
　トレンドレス

　6つのトレンド判断のうち4つの判断がトレンドレスになっています。はっきりした動きではありませんね。翌日はアメリカ大統領選挙があるので、それを通過するまでは動きづらいようです。
　大統領選挙というのは非常に大きなイベントです。結果によっては株価が大きく動くことが予想されます。ただし、上に動くのか下に動くのかは動いてみないとわからないのですね。
　どちらに動くのかわからないときに無理してエントリーする必要はありません。現在の状況ではっきりとしたトレンドが出ていればトレンド方向へのエントリーをすればいいのですが、トレンドのない状態になっているのですね。
　このようなときはゆっくりとチャートを見ているだけでよいと思います。
　無理をしてエントリーしてはいけません。

　ここからは実際の動きに合わせてどのような対応をしたのかを書いていきます。
　寄り付きは8990円となりました。
　8990円は5分足チャートおよび15分足チャートでは移動平均線の帯の下になります。

60分足では収斂した移動平均線の帯と同価格帯になります。
　今の状況のチャートでは上下どちらに動く可能性が高いのかを判断することができません。最初に立てたシナリオでも無理する必要がないと考えています。よって、エントリーは見送りとしました。
　ノーエントリーです。
　はっきりしない動きのときにはエントリーをしてはいけないのですね。
　トレンドが出るまで1カ月でも2カ月でも「待つ」という気持ちが大切です。
　実際には1カ月もノーエントリーになることはありませんが…

2012年11月6日日中結果

ノーエントリー

合計損益　　　　　　　±0円

◎2012年11月6日ナイトセッションの取引

　11月6日ナイトセッションでの取引を見ていきましょう。
　ナイトセッションが始まる前のチャートをご覧ください。

図41　60分足　ナイト有り

図42　15分足　ナイト有り

図43　ピークボトム合成図　ナイト有り

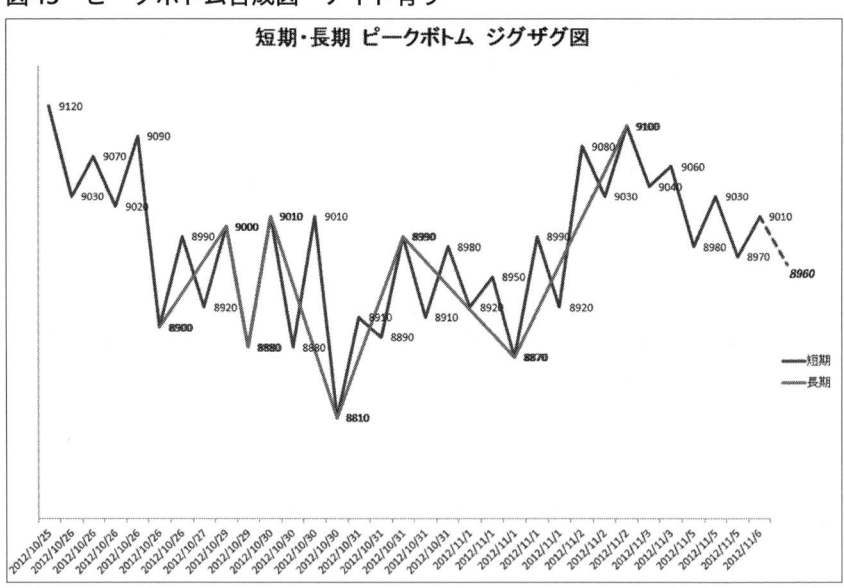

60分足のトレンド判断から見ていきます。

1. ピークボトムによるトレンド判断
　高値　8990 − 9100
　安値　8810 − 8870
　高値切り上げ安値切り上げの上昇トレンド。

2. 株価と移動平均線との関係によるトレンド判断
　株価は収斂した移動平均線の帯のすぐ下にありますので下降トレンド。

3. 株価と移動平均線とストキャスティクスとの関係によるトレンド判断
　移動平均線の帯の上でのストキャスティクスの買われすぎから移動平均線の帯の下への動きになりましたのでトレンドレス。

　次に15分足のトレンド判断を見ていきます。

1. ピークボトムによるトレンド判断
　高値　9030 − 9010
　安値　8970 − 8960（未確定）
　高値切り下げ安値切り下げの下降トレンド。

2. 株価と移動平均線との関係によるトレンド判断
　移動平均線の帯は右肩下がりになっています。そして株価はその移動平均線の帯の中にあります。
　下降トレンド。

3. 株価と移動平均線とストキャスティクスとの関係によるトレンド判断
　移動平均線の帯の下でのストキャスティクスの売られすぎから移動平均線の帯の下でのストキャスティクスの買われすぎになっているので下降トレンド。

総合的にトレンドを判断してみましょう。

60分足
　上昇トレンド
　下降トレンド
　トレンドレス

15分足
　下降トレンド
　下降トレンド
　下降トレンド

　60分足のトレンド判断はまちまちです。
　15分足はすべての判断が下降トレンドになっています。
　ナイトセッションが始まる前の60分足の移動平均線は完全に収斂しています。そして株価は収斂している移動平均線と同価格帯にあります。
　上下どちらにでも動ける形です。15分足を見ても移動平均線の帯は収斂していて株価も移動平均線と同価格帯にあります。15分足を見ても上下どちらにでも動ける形です。
　60分足も15分足もはっきりしない動きですから無理して売買をする必要はありませんね。待つということも相場で利益を上げるためには必要なことです。どうしても売買をしたいと考えるのであれば、次のように考えることもできます。
　60分足は上昇トレンドだが移動平均線の帯は収斂してきていて上昇トレンドを否定する動きにつながる可能性がある。15分足は下降トレンドで移動平均線の帯の上に出ることができずにいる。ここから株価が下落すれば、60分足を巻き込んだ下落につなげることができる。
　よって売りから考えていくことになります。
　9010円を上回る動きになるようであれば15分足の下降トレンドを否定して60分足の押し目からの上昇につながってきますので買いを考えていけるチャ

ートになります。

　ここからは実際の動きに合わせてどのような対応をしたのかを書いていきます。
　自分の得意とするパターンにならなければエントリーする必要はありません。利益になる可能性の高い場面だけを利益に変えていけばいいのです。
　はっきりしない動きですからエントリーする必要はありません。
　11月6日のナイトセッションでの取引はありませんでした。
　ノーエントリーです。

11月6日ナイトセッション売買結果

ノーエントリー
合計損益　　　　　　　　±0円

◎2012年11月7日日中の取引

　では、次に2012年11月7日の日中のデイトレについて見てみましょう。

図44　60分足　日中のみ

図45　15分足　日中のみ

図46　ピークボトム合成図　日中のみ

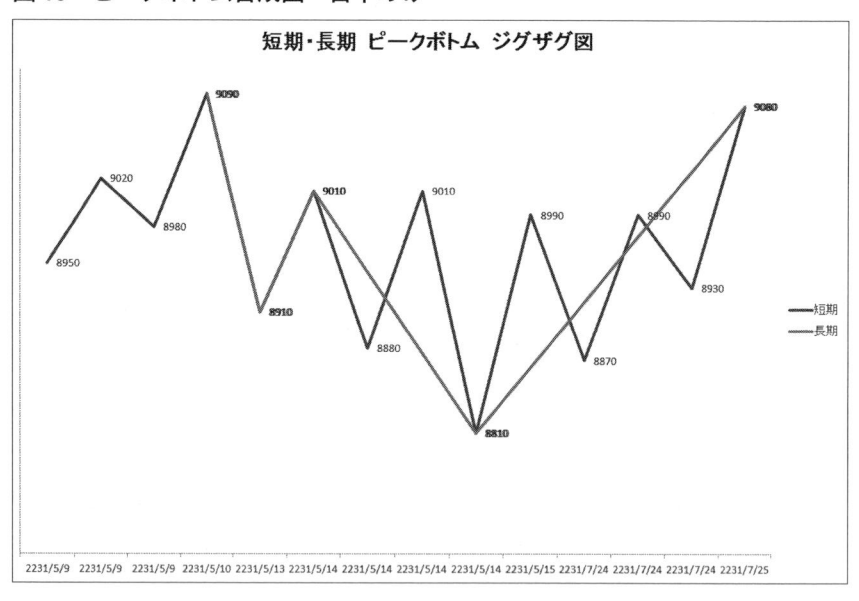

60分足のトレンド判断から見ていきます。

1. ピークボトムによるトレンド判断
高値　9010 - 9080
安値　8910 - 8810
高値切り上げ安値切り下げのトレンドレス。

2. 株価と移動平均線との関係によるトレンド判断
株価は収斂した移動平均線の帯を割り込んだ後、移動平均線の帯の下限での推移となっていますのでトレンドレス。

3. 株価と移動平均線とストキャスティクスとの関係によるトレンド判断
移動平均線の帯の上でのストキャスティクスの買われすぎから移動平均線の帯を割ってきましたのでトレンドレス。

次に15分足のトレンド判断を見ていきます。

1. ピークボトムによるトレンド判断
高値　8990 - 9080
安値　8870 - 8930
高値切り上げ安値切り上げの上昇トレンド。

2. 株価と移動平均線との関係によるトレンド判断
株価は移動平均線の帯の下に出てから引けで移動平均線の帯の中に入りましたのでトレンドレス。

3. 株価と移動平均線とストキャスティクスとの関係によるトレンド判断
移動平均線の帯の上から移動平均線の帯の下へ移動平均線の帯を跨ぐ動きにになってきたのでトレンドレス。

総合的にトレンドを判断してみましょう。

60分足
　トレンドレス
　トレンドレス
　トレンドレス

15分足
　上昇トレンド
　トレンドレス
　トレンドレス

　6つのトレンド判断のうち5つの判断がトレンドレスになっています。
　昨日に引き続きはっきりしない動きが継続しています。
　前日の日中の値幅は40円と狭い値幅になっています。
　このような値幅では、チャートに上下のトレンドができるような変化は起きません。
　現在は横ばいのトレンドになっているということです。
　ここでトレンドの定義についてもう一度確認してみましょう。
　トレンドとは次のようなものでした。

トレンドの定義

- 「トレンド」とは、ある一定期間ある一定方向に株価が動くこと。
- 「トレンド」は常に時間との比較によって定義されなければいけない。
- 「トレンド」には、下記にあげる3つのトレンドがある。
　上昇トレンド・下降トレンド・横ばいのトレンド
- 「トレンド」は、継続しやすい特徴を持っている。

上昇トレンド・下降トレンド・横ばいのトレンドの3つがあるのでしたね。
私が売買を行うのは次のような順番でした。

①トレンドを確認する
②調整を待つ
③トレンドに戻る時にエントリー

　まずはトレンドの確認をします。現在は横ばいのトレンドですね。
　調整を待つというのは、上昇トレンドまたは下降トレンドの調整を待つということです。
　横ばいのトレンドでは調整がくることはありません。
　順張りでも逆張りでも上昇や下落がなければ利益を取ることができません。上昇トレンドと下降トレンドのときに仕掛けることができれば利益を上げることができます。
　しかし、横ばいのトレンドのときに仕掛けると利益に結びつきません（ちゃぶつき）。
　よって、横ばいのトレンドではエントリーすることはないのです。
　上下のトレンドが出るまでゆっくりしたいと思います。

　ここからは、実際の動きに合わせてどのような対応をしたのかを書いていきます。
　前日のナイトセッション同様に朝からエントリーするつもりはなく本を読んだり他のことをしてゆっくりとした1日を過ごしました。
　何日も取引をしないといらいらしたりすることがあるかもしれません。
　しかし、リスクの高い場面でエントリーするということは自分の大切なお金を失う可能性が高いということです。
　私はギャンブルで日経225先物の売買をしているのではありません。
　商売として売買を行っているのですから利益になる可能性の高い場面だけエントリーすることになります。

自分の得意とするパターンにならなければエントリーする必要はありません。利益になる可能性の高い場面だけを利益に変えていけばいいのです。

はっきりしない動きですからエントリーする必要はありません。

11月7日の日中での取引もありませんでした。

ノーエントリーです。

2012年11月7日日中結果

ノーエントリー

合計損益　　　　　　　±0円

◎2012年11月7日ナイトセッションの取引

11月7日ナイトセッションでの取引を見ていきましょう。

ナイトセッションが始まる前のチャートをご覧ください。

図47　60分足　ナイト有り

図48　15分足　ナイト有り

図49　ピークボトム合成図　ナイト有り

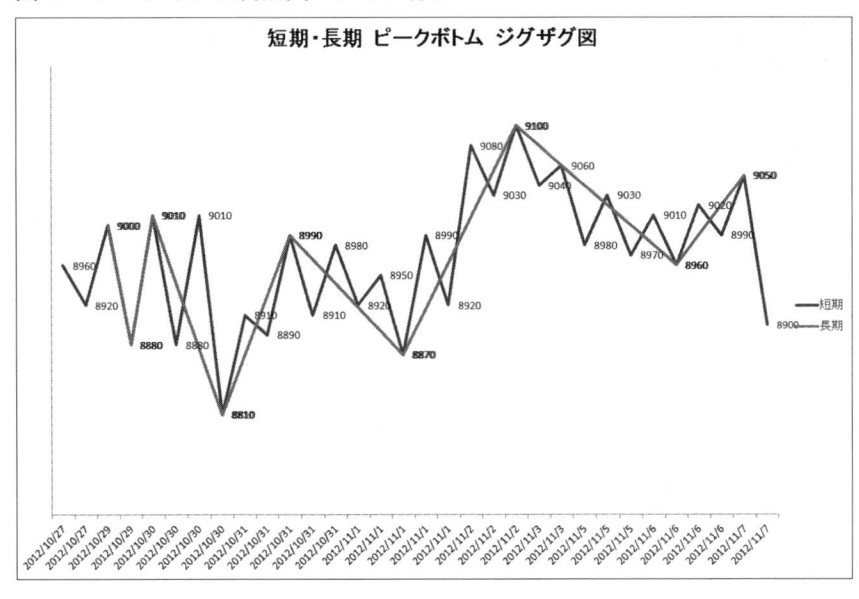

第6章　初公開！日経225先物　売買譜

60分足のトレンド判断から見ていきます。

1. **ピークボトムによるトレンド判断**
　高値　9100 - 9050
　安値　8960 - 8900（未確定）
　高値切り下げ安値切り下げの下降トレンド。

2. **株価と移動平均線との関係によるトレンド判断**
　株価は移動平均線の帯の下になりましたので下降トレンド。

3. **株価と移動平均線とストキャスティクスとの関係によるトレンド判断**
　移動平均線の帯の上でのストキャスティクスの買われすぎから移動平均線の帯の下への動きになりましたのでトレンドレス。

次に15分足のトレンド判断を見ていきます。

1. **ピークボトムによるトレンド判断**
　高値　9020 - 9050
　安値　8990 - 8900
　高値切り上げ安値切り下げのトレンドレス。

2. **株価と移動平均線との関係によるトレンド判断**
　移動平均線の帯の下での動きになっていますので下降トレンド。

3. **株価と移動平均線とストキャスティクスとの関係によるトレンド判断**
　移動平均線の帯の下でのストキャスティクスの売られすぎから移動平均線の帯の下でのストキャスティクスの買われすぎになっているので下降トレンド。

総合的にトレンドを判断してみましょう。

60分足
　下降トレンド
　下降トレンド
　トレンドレス

15分足
　トレンドレス
　下降トレンド
　下降トレンド

　下降トレンドの判断が多くなってきました。
　ようやくトレンドが出てきたようです。
　60分足のピークボトムでは下降トレンドになり移動平均線の下での動きですので売り方有利なチャートです。
　現在は60分足という長い時間軸での下降トレンドにおける15分足という短い時間軸での戻しになっている状態です。つまり、ここからの下落はトレンド方向への動きに戻ることになるので売れるチャートということになります。
　9000円が15分足のピークとして確定すると、高値切り下げ安値切り下げの下降トレンドに転換してきます。そうなると15分足のすべてのトレンド判断で下降トレンドになります。
　ということは9000円を上回らずに株価が推移するようであれば売れるということになります。

　ここからは、実際の動きに合わせてどのような対応をしたのかを書いていきます。

図50

最初に立てたシナリオどおり、寄り付きから9000円を上回らずに下落となれば売れるチャートでしたが、9000円で寄り付いた後すぐに9020円までの上昇となりました。

この動きになったことにより、売りは一旦見送りとなりました。

9020円を付けた後は8980円まで下落し、再び上を試す動きとなりました。しかし、この上昇は9010円までとなりヨコヨコの動きとなりました。

このままの動きとなり上への動きとならなければ15分足移動平均線の帯の上限を少し超えているだけであり、直近高値を上抜いていないので15分足の調整の範囲内と考えることができます。

そうなると、ここからの下落は売れるということになります。

9010円から30円下である8980円が付いたのを確認してAの8990円でmini50枚売り。

ロスカットは9020円の10円上である9030円に設定しました。

エントリー枚数を通常の半分の50枚にした理由は、寄り付きから9000円を超え最初のシナリオと少しずれたためです。

リスクを大きくとりたくなかったので半分の50枚でのエントリーとしました。

エントリー後株価は順調に下げてくれましたので次のように順次利食いとな

りました。

　Bの8960円で20枚返済。残りは30枚。
　Cの8930円で10枚返済。残りは20枚。
　Dの8900円で10枚返済。残りは10枚。

　3回の利食いが完了した後は、8870円に利食い5枚の指値注文、8800円に5枚の利食い指値注文を入れて就寝。
　朝目覚めて確認するとEで8870円の指値は約定となっていましたが、8800円までは下落せずに5枚だけが残った状態でした。
　8日の日中寄り付き後、ナイトセッションの安値8820円から50円上である8870円が付いたのでトレイリングストップによりFの8870円で残りの5枚を利食いして終了となりました。

11月7日ナイトセッション売買結果

　8990円50枚売り。
　8960円20枚返済　　＋60000円
　8930円10枚返済　　＋60000円
　8900円10枚返済　　＋90000円
　8870円5枚返済　　　＋60000円
　8870円5枚返済　　　＋60000円
　合計損益　　　　　　＋330000円

◎2012年11月8日日中の取引

　では、次に2012年11月8日の日中のデイトレについて見てみましょう。

図51　60分足　日中のみ

図52　15分足　日中のみ

図53　ピークボトム合成図　日中のみ

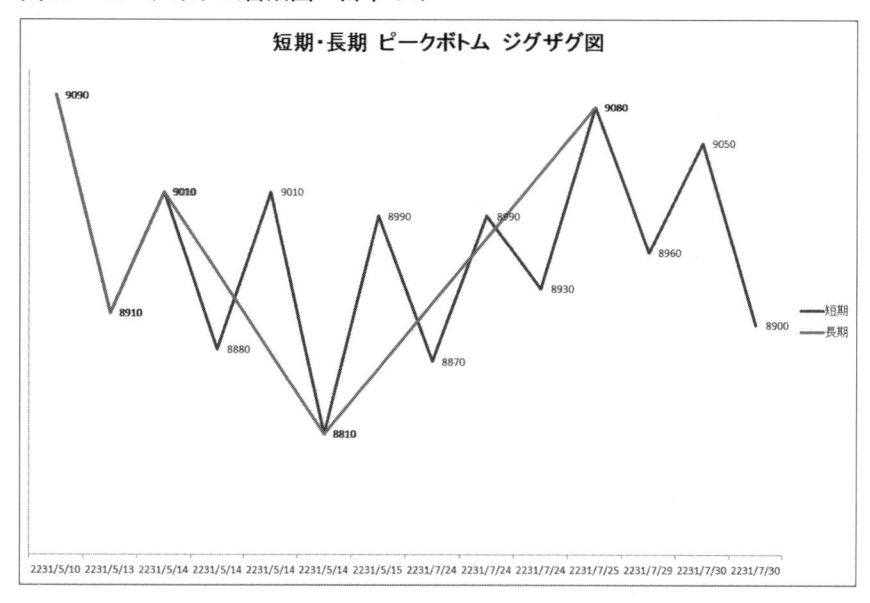

60分足のトレンド判断から見ていきます。

1. ピークボトムによるトレンド判断
   高値　9010 – 9080
   安値　8910 – 8810
   高値切り上げ安値切り下げのトレンドレス。

2. 株価と移動平均線との関係によるトレンド判断
   株価は移動平均線の帯の上から下になりましたので下降トレンド。

3. 株価と移動平均線とストキャスティクスとの関係によるトレンド判断
   移動平均線の帯の上でのストキャスティクスの買われすぎから移動平均線の帯を割ってきましたのでトレンドレス。

次に15分足のトレンド判断を見ていきます。

1. ピークボトムによるトレンド判断
　　高値　9080 − 9050
　　安値　8960 − 8900
　　高値切り下げ安値切り下げの下降トレンド。

2. 株価と移動平均線との関係によるトレンド判断
　　移動平均線の帯の下に出てから帯の中になり、再び下になりましたので下降トレンド。

3. 株価と移動平均線とストキャスティクスとの関係によるトレンド判断
　　移動平均線の帯の下でのストキャスティクスの売られすぎから移動平均線の帯の下でストキャスティクスは上昇していますが、買われすぎまで上昇していないのでトレンドレス。

　　総合的にトレンドを判断してみましょう。

60分足
　　トレンドレス
　　下降トレンド
　　トレンドレス

15分足
　　下降トレンド
　　下降トレンド
　　トレンドレス

　　下降トレンドの判断が多くなってきました。前日のナイトセッションは大き

く下げましたので日中でもトレンドが出てくることになるでしょう。

昨日の引け時点で下有利なチャートになりつつあります。

60分足のピークボトムによるトレンド判断はトレンドレスですが、昨日は高い寄り付きを否定して下落となりました。

60分足の直近安値は8810円で、ここを下回らなければ直近安値を割り込みません。

逆に9080円を上回らなければ直近高値を超えません。

昨日の引け値である8960円は、この2つの価格の真ん中あたりになりますね。

60分足ではどちらが有利というチャートではありませんが、15分足は下降トレンドになっているのでここから下げるようであれば売ることができます。

大統領選挙は終わったのですが明日はSQ前最終日です。

大口の強引な仕掛けがあるかもしれませんね。

一応ギャップアップで寄り付いた場合、昨日の引け値近辺での寄り付きになった場合、ギャップダウンで寄り付いた場合の大まかな3つのシナリオを立てておきます。

- ギャップアップでの寄り付きになると紛れてきますので様子見でよいでしょう。
- 昨日の引け値近辺での寄り付きになった場合
  9000円を超えずに下への動きになれば売ることができます。
- ギャップダウンでの寄り付きになった場合
  下へのトレンドがはっきりしてきますので売り場探しとなります。

寄り付き前の気配値を見ていると寄り付きが8900円を割ってくることになりそうでした。そうなると15分足の下降トレンドは継続となります。

60分足の直近安値は8810円ですので寄り付きが8900円を割ってきても下降トレンドにはなりませんが、弱い動きになることは確かです。

今日は寄り付き後に8810円を割ることができるのかどうかがポイントになってきます。

弱い動きになることは確かですのでデイトレでは売りを考えていくことになります。

まずはギャップダウンでの寄り付きの後、戻しになるのかどうかを確認することからスタートとなります。

戻しに入らずに下落という動きになれば8810円への挑戦ということになりますので売ることができます。

ここからは、実際の動きに合わせてどのような対応をしたのかを書いていきます。

図54

当日の寄り付きは8860円となりました。

前日7日の終値は8960円でしたので100円のギャップダウンということになります。

売ることのできるチャートであり、売り場探しをすることになります。

8860円で寄り付いた後は下げることなく上昇し8900円を付けました。ここまでは売り場になる場面はありません。

8900円という価格は昨日の安値であり、抵抗帯として意識される価格です。

60分足を見ると安く寄り付いた後は40円幅での動きとなっていて戻しらしい戻しにはなっていません。下有利なチャートです。
　15分足を見ると下降トレンドにおける戻しが8900円までとなっています。
　8900円は抵抗として意識される価格ですからここで戻しが終わり下落開始となりピークが確定することになれば当然、当日のここまでの安値8860円を下抜き8810円チャレンジの動きになってくることが考えられます。
　ということは8900円からの下落は売る場面であるということになります。
　ここから下落しないことになると、「何かがおかしい」と感じることができます。
　この「何かがおかしいぞ」と感じたときには売りエントリーしている建玉を軽くする場面ということになります。
　ここでもう一度、私の売買する順番を確認しておきましょう。

①トレンドを確認する
②調整を待つ
③トレンドに戻る時にエントリー

①当日の寄り付きがギャップダウンになったことにより下有利のチャートになりました。
　下への動きが強いという確認ができました。

②8900円までの調整となりました。

③8900円からトレンド方向に戻る（下落する）場面でエントリー。

　8900円から30円下である8870円が付くのを確認してAの位置8875円でmini100枚の売りエントリーとしました。
　ロスカットは8900円の10円上である8910円に設定しました。
　ただし、このロスカット価格というのはエントリー後、すぐに逆行してストレートですべての建玉がロスカットになった場合です。つまり、最悪の場合の

ロスカットということになります。

　先ほど書いたように「何かおかしいぞ」と感じたときは建玉を軽くすることが必要です。

　8875円で売りエントリー後は素直に下落してくれましたのでBの8845円で30枚を利食い。残りは70枚。

　続いてCの8815円で2回目の利食い30枚。残りは40枚となりました。

　8810円という価格は重要な安値です。ここを割り込みましたがティックブレイクで終了し8840円までの戻しとなりました。

　重要な安値を割ったのであればティックブレイクではなくもう少し下げておかなければ買い方の逆襲を食らう可能性があります。

　よって、残り40枚のうち20枚をDの8830円で利食い。残りは20枚となりました。

　その後は8800円を割ることなく50円上の8850円になったのでトレイリングストップでEの8850円で残りの20枚を返済して終了となりました。

11月8日の日中取引売買結果

　8875円100枚売り。
　8845円30枚返済　　＋90000円
　8815円30枚返済　　＋180000円
　8830円20枚返済　　＋90000円
　8850円20枚返済　　＋50000円
　合計損益　　　　　＋410000円

◎2012年11月8日ナイトセッションの取引

　11月8日ナイトセッションでの取引を見ていきましょう。
　ナイトセッションが始まる前のチャートをご覧ください。

図55　60分足　ナイト有り

図56　15分足　ナイト有り

図57　ピークボトム合成図　ナイト有り

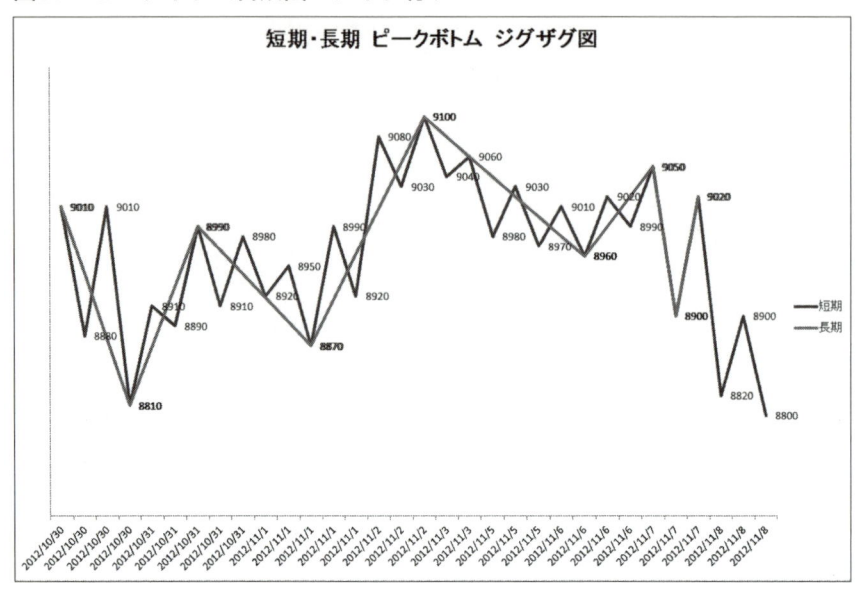

60分足のトレンド判断から見ていきます。

1. ピークボトムによるトレンド判断
   高値　9050 - 9020
   安値　8900 - 8800（未確定）
   高値切り下げ安値切り下げの下降トレンド。

2. 株価と移動平均線との関係によるトレンド判断
   株価は移動平均線の帯の下での動きとなっていますので下降トレンド。

3. 株価と移動平均線とストキャスティクスとの関係によるトレンド判断
   移動平均線の帯の上でのストキャスティクスの買われすぎから移動平均線の帯の下への動きになりましたのでトレンドレス。

次に15分足のトレンド判断を見ていきます。

1. ピークボトムによるトレンド判断
　　高値　9020 − 8900
　　安値　8820 − 8800
　　高値切り下げ安値切り下げの下降トレンド。

2. 株価と移動平均線との関係によるトレンド判断
　　移動平均線の帯の下での動きになっていますので下降トレンド。

3. 株価と移動平均線とストキャスティクスとの関係によるトレンド判断
　　移動平均線の帯の下でのストキャスティクスの買われすぎから移動平均線の帯の下でのストキャスティクスの売られすぎになっているので下降トレンド。

　　総合的にトレンドを判断してみましょう。

60分足
　　下降トレンド
　　下降トレンド
　　トレンドレス

15分足
　　下降トレンド
　　下降トレンド
　　下降トレンド

　　6つの判断のうち5つの判断が下降トレンドとなっています。
　　日中は下落方向への動きとなった後、価格の調整になりました。
　　価格の調整が終了すれば当然下への動きが再開されることになるのが普通で

す。

　よってナイトセッションも売れるチャートということになります。

　そして現在の状況は15分足の下落に対する調整（戻し）になっています。

　5分足、15分足、60分足の短期波動の状況は次のようになっています。

　5分足）下落　15分足）上昇　60分足）下落

　日中の動きですでに5分足はピークが確定し下落波動に転換しています。

　この後、15分足が下落波動に転換するとすべての足が下を向いて揃うことになります。そうなると当然8800円を割り込む動きにつながってくる可能性が高くなります。

　よって、ナイトセッションは寄り付き直後から売り場を探すことになります。

　ここからは、実際の動きに合わせてどのような対応をしたのかを書いていきます。

図58

　日経225先物ラージは8830円での寄り付きとなりました。日経225先物miniは8820円での寄り付きです。

　日中の引け前の高値8860円がピークとなって下落開始となってもよい動きですね。

しかし、8820円から下げることなく上昇を開始しました。

その後8850円を付けた後、再び下への動きになりました。

ここは売れる場面ですね。

この下落場面のAで8830円mini100枚売り。ロスカットは8860円の10円上である8870円に設定しました。

この動きは15分足移動平均線の帯の中に入る戻しですから良い感じの戻しです。

ここから下落すれば大きな下落になる可能性があると考えました。しかし、売りエントリー後は8820円を付けただけで上への動きになりました。

ここは一気に下への動きにならなければなりません。寄り付き近辺と同価格帯の8820円で止まってしまうのはおかしいですね。

おかしいと感じたときは建玉を軽くするのでしたね。

Bの8840円で半分の50枚を返済しました。残り50枚。

18時台に8850円を付けましたがそれ以上は上がらずに再び下落開始となりました。

しかし8810円までの下落で下げ止まります。

8810円を付けた後、30分近く経過しても8810円を割ることができずにいました。

やはりこの動きはちょっと変な動きです。変な動きなので8815円で30枚を利食い。残りは20枚となります。

ここでロスカットを18時台の高値8850円の10円上である8860円に変更しました。

ロスカット価格は10円だけの変更ですが8800円を下にブレイクできずに8850円を上に抜けると分足の上昇転換になり15分足移動平均線上限までの戻しになる可能性があるので変更としています。

23：40過ぎに8850円が食われたので8850円指値で残り20枚を返済して1回目の売買は終了となりました。

その後、24時に8860円までの上昇となり株価は15分足移動平均線の帯の上限まできました。

第6章 初公開！日経225先物 売買譜

大きな流れは下であり、この上昇は戻しになるのですね。
戻しが終了すればもう一度売れるということです。

①日足は下落転換し、60分足は下を向いていて大きな流れは下という判断をすることができます。

②大きな流れに対して短い時間軸である15分足は8800円から8860円まで調整（戻し）となりました。

③8860円からの下落でエントリー。

　8860円からの下落をEの8840円でmini100枚売り。ロスカットは8860円の10円上である8870円に設定しました。
　2回目の売りは売った後、順調に下がってくれたので2回の利食いをすることができました。
　1回目の利食いはFの8810円で30枚。残りは70枚。
　1回目の利食いが完了後、8780円と8750円に利食い指値とロスカットの逆指値を入れて就寝となりました。
　朝起きて確認をすると2回目の利食いが8780円で30枚の約定となっていました。残りは40枚です。
　ナイトセッションの安値は8770円まででしたので8750円の指値は約定せずに翌日に持ち越しです。
　9日の寄り付き直後にHの8750円で3回目の利食い20枚。残りは20枚となりました。
　この後はトレイリングストップで利益を伸ばすことになります。
　8730円までの安値のあと50円戻したので8775円で残りの20枚を返済して終了となりました。

11月8日ナイトセッション売買結果

1回目

 8830円100枚売り。

 8840円50枚返済 －50000円

 8815円30枚返済 ＋45000円

 8850円20枚返済 －40000円

 合計損益   －45000円

2回目

 8840円100枚売り。

 8810円30枚返済 ＋90000円

 8780円30枚返済 ＋180000円

 8750円20枚返済 ＋180000円

 8775円20枚返済 ＋130000円

 合計損益   ＋580000円

◎2012年11月9日日中の取引

では、最後に2012年11月9日の日中のデイトレについて見てみましょう。

図59　60分足　日中のみ

図60　15分足　日中のみ

図61　ピークボトム合成図　日中のみ

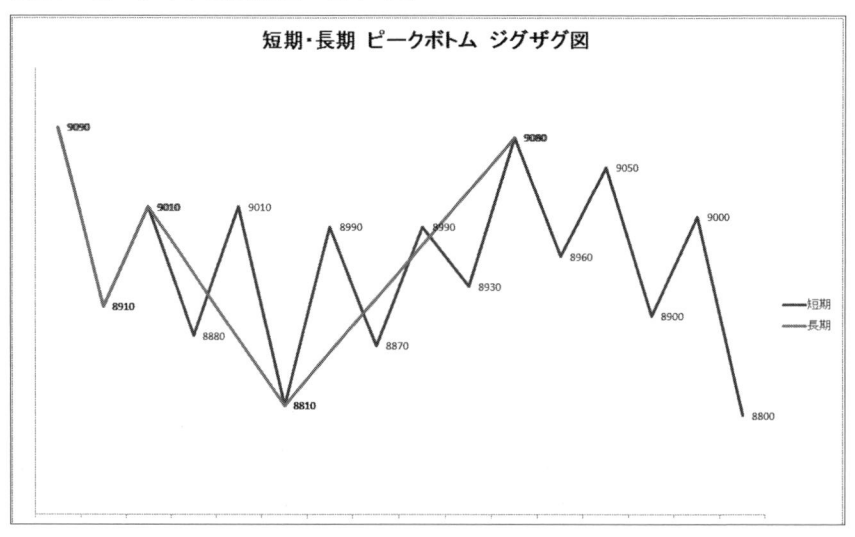

60分足のトレンド判断から見ていきます。

1. ピークボトムによるトレンド判断
高値　9010 − 9080
安値　8810 − 8800
高値切り上げ安値切り下げのトレンドレス。

2. 株価と移動平均線との関係によるトレンド判断
株価は移動平均線の帯の下にありますので下降トレンド。

3. 株価と移動平均線とストキャスティクスとの関係によるトレンド判断
移動平均線の帯の上でのストキャスティクスの買われすぎから移動平均線の帯の下になっているのでトレンドレス。

次に15分足のトレンド判断を見ていきます。

1. ピークボトムによるトレンド判断
高値　9050 − 9000
安値　8900 − 8800
高値切り下げ安値切り下げの下降トレンド。

2. 株価と移動平均線との関係によるトレンド判断
移動平均線の帯の下にありますので下降トレンド。

3. 株価と移動平均線とストキャスティクスとの関係によるトレンド判断
移動平均線の帯の下でのストキャスティクスの買われすぎから移動平均線の帯の下でストキャスティクスの売られすぎとなっているので下降トレンド。

総合的にトレンドを判断してみましょう。

60分足
　トレンドレス
　下降トレンド
　トレンドレス

15分足
　下降トレンド
　下降トレンド
　下降トレンド

　トレンド判断は前日と同じになっていますが、前日よりも売り方有利なチャートになってきています。
　8810円は60分足においても重要なボトムでした。ここを割り込んだということは実質下降トレンドと判断してもよいでしょう。
　これですべての分足が下を向いているという判断をすることができます。
　日足も昨日の動きでピークが確定し短期下落波動へと転換しています。
　この動きでは買いを考える必要はありません。売りのみを考えていくことになります。

　寄り付き前の各時間軸の短期波動の状況は次のようになっています。
　5分足）上昇　15分足）上昇　60分足）下落　日足）下落
　長い時間軸の流れは下になっていて、短い時間軸の流れは上ということです。つまり、長い時間軸の下落に対する調整の動きになっているのです。
　前日の12：30からの上昇が戻しであるならば、戻しが終了後トレンド方向への動きに戻ることになります。
　寄り付きまでの気配値を見ているとギャップダウンとなりトレンド方向への動きに戻ることになりそうです。
　そして直近安値の8800円を寄り付きから割り込む動きになりそうです。
　寄り付きから安値を更新することになれば、その後は再び調整に入るか、そ

のまま下への動きが継続するということになります。
　寄り付き後、戻しに入るようであれば15分足の移動平均線までの戻しを待って売るという方針を立てることができます。
　寄り付きから上昇できないのであれば売りエントリーすることになります。

　ここからは実際の動きに合わせてどのような対応をしたのかを書いていきます。

図62

[チャート図]

　寄り付きは8750円となり重要な安値8800円を割り込みました。
　下で寄り付いたことによりさらに下への動きも想定することができます。
　寄り付きから15分足は20円幅での動きとなり上昇する気配がありませんでした。
　上昇できないのであれば売れるということになります。
　Aの8740円でmini100枚を売りました。
　ロスカットは通常であれば15分足の寄り付き1本目の高値8750円の10円上である8760円にするのですが、エントリーから20円上でありすぐにロスカッ

第6章　初公開！日経225先物　売買譜　215

トにかかる可能性もあるので10円余裕を見て8770円としました。

8740円でエントリーした後は下げることなく8760円まで上昇しました。

寄り付きから15分足が上昇できずにいたのに下への動き出しを肯定せず8760円を付けるのは「何かおかしい」と感じることができます。

「何かおかしい」と感じたときには建玉を軽くするのでしたね。

Bの8750円で100枚のうち50枚を返済しました。残りは50枚。

その後は上昇も下落もせずにヨコヨコになってきたのでエントリー価格と同価格のCの8740円で30枚を返済しました。残りは20枚。

11時前に再び8760円を付け、その8760円が食われたので残りの玉の返済時期を探ります。

11時過ぎに8750円－8760円のヨコヨコになった時点で残り20枚をDの8755円で返済して終了となりました。

11月9日の日中取引売買結果

　8740円100枚売り。

　8750円50枚返済　　　－50000円

　8740円30枚返済　　　±0円

　8755円20枚返済　　　－30000円

　合計損益　　　　　　－80000円

11月2日のナイトセッションから11月9日の日中までの取引について詳しく見てきました。

　1週間の損益は次のようになりました。

11月2日
　ナイトセッション　　＋170000円
11月5日
　日中　　　　　　　　－95000円

ナイトセッション	±0円

11月6日
日中	±0円
ナイトセッション	±0円

11月7日
日中	±0円
ナイトセッション	＋330000円

11月8日
日中	＋410000円
ナイトセッション	＋535000円

11月9日
日中	－80000円

1週間の合計損益は＋1,270,000円となりました。

11月5日のナイトセッションから11月7日の日中取引まで売買をしていませんが多くの利益を得ることができています。
この結果からわかることは、

「自分の得意な場面だけエントリーすることが大切である」

ということです。

相場のある日すべてに無理して参加することはないということです。

相場の原理原則に則り、トレンドを確認し、調整を待ち、トレンド方向に戻る時にエントリーするということをしっかりと守っていけば相場の世界で生き残ることができます。
そしてストレスのないトレードを行うことができるのです。

相場の原理原則をマスターしてストレスフリートレードを楽しんでくださいね。
　この売買譜を見ていただいたあなたに2013年1月2週の売買譜を特典としてプレゼントさせていただきます。
　ダウンロード方法など詳しくは「終わりに」に記載いたしますので最後にお読みください。

第7章

相場の世界で生き残っていくために

① 確証バイアスに要注意

◎確証バイアスとは

　「確証バイアス」という言葉があります。確証バイアスとは、自分の都合の良いデータだけに頼ってしまうということです。

　1984年から1989年までの5年間に、経済学者のバリー・ストウとハ・ホアンはNBAの新人選手のプレーの傾向を調査しました。

　二人は得点力、持久力、スピードなど、データ面から考えつく限りの条件を評価して実際の出場時間の決め手となるのはどの要素なのかを調べました。

　論理的にはどの選手をいつ、どれくらい試合に出すかを決めるとき、コーチや監督はその選手の技量や実績を主に考慮するだろうと考えられます。

　しかし、実際にはそうではありませんでした。

　一番影響を与えているのはその選手のドラフト順位だったのです。つまり、選手がどれくらい試合に出してもらえるかは、シーズンが始まっていないうちにその選手が選ばれたドラフトの順位によって決まっているということです。

　選手の実際のプレーがどれくらい優れているのかということはあまり影響を与えていないのです。監督がそれらの選手のプレーに「どれほど期待しているか」ということのほうが重要視されていたのです。

　これが「確証バイアス」です。

　確証バイアスとは前から信じていたことや感じていたことに合わせて、実際のデータをねじ曲げてしまうことです。

　株の銘柄選択でもこの確証バイアスが影響します。不動産の購入や洋服や家具の買い物にいたるまで、私たちの生活すべてにおいて、私たちは自分が好ましいと思っている選択を支持してくれる「客観的情報だけを選び出してしまう傾向」が強いのです。

　ですから私たちには「確証バイアス」が備わっていることを認識しなければなりません。

　私たちには自分が聞きたいと思っている話だけを聞き、すでに信じているこ

とだけを信じる、信じていることに関するものだけを見るという傾向があると自覚しておきましょう。

　自分の考えを疑って、それが正しいと証明できる客観的事実があるかどうかを確かめるようにしましょう。自分の考えのあら探しをしてみるというのもおもしろいですよね。

　確証バイアスはお金が絡んでくるとさらに私たちに影響を与えます。

　ある金銭的な判断がどれほど正しく優れているように見えても、それとは反対の意見も考慮しなければなりません。相場で言うと、買いポジションを持っていると株価の上昇に有利なニュースだけを見るようになります。

　チャートを見ても陽線が2本続くと上昇する可能性が高いのではないかと考えるようになります。オシレータが売られすぎになると、底は近い、株価はここから上昇するであろうと考えるようになります。

　下降トレンドに転換してもすぐに上昇トレンドに戻るのではないかと思います。株価が急落しても、ショートスクイーズにより反発するのを待ってしまいます。

　自分の取引している銘柄以外のチャートを見て上昇する可能性を探すようになります。いつもは見ない為替のチャートを探し出し、上昇する可能性を探すようになります。

　そして自分で株価が上昇する理由を勝手につくってロスカットすることなく持続してしまうのです。

　この結果は、追い証かもしれませんし、塩漬けかもしれません。もしかしたら相場からの退場という最悪の状況になるかもしれません。

　せっかく高いお金を払って本を買ったりセミナーに行ったりして勉強をし、相場で利益を上げようとしているのですから退場という最悪の状況だけは避けなければなりません。

　自分のポジションが買いであれば、売り方になった気持ちで相場を眺めてみましょう。

　そうすることにより「確証バイアス」から解放されるようになります。

② 大数の法則

◎必勝法のカラクリ

「確証バイアス」に続いては「大数の法則」という話をしましょう。

確率や統計の本を読んだことのある人は知っていると思います。

「相場には必勝法があるんだ」、「俺は相場の必勝法」を持っている。

このように言う人がたまにいます。

そのような人は自分の知り合いやネット上で必勝法を持っているから私は勝ち続けることができるなどと自慢をしたがるのです。

しかし、このような人で相場に参加して大儲けをした人はいません。

相場以外でもお金持ちになっている人はいないのではないでしょうか。

実はこういう人は次の2つのうちのどちらかにあてはまるのです。

1) 勝ったときの記憶だけが残り、その記憶が大きく膨らみ、負けた記憶は消えてしまうか非常に小さくなっている。
2) 売買の回数が非常に少ない。またはたまたま多い枚数の売買をしたときに勝てた。

1) の場合は、ある特定の負けを「自分の必勝法の計算」に入れないのです。

例えば、自分は株価が上がると思っていたのだが、ネットの掲示板やツイッターなどで「下がるぞー」という書き込みがあり、それを真に受けて売ってしまった。その結果その勝負は負けた。

このような場合には負けた売買を自分の成績に入れないのです。

自分のシステムは完璧であり上昇を示唆していた。しかし、他の人に惑わされてしまったために今回は負けた。だから俺のシステムのせいではないんだ。

このように自分を正当化するのですね。

2) の売買回数が少ない。たまたま多い枚数の売買をしたときに勝てた。

これはサンプル数と分散という問題です。

自分のシステムは完璧であり本当の必勝法だ、と言う人の多くは、売買回数が少なくそのシステムでの運用は20回〜30回程度ではないでしょうか。

20回程度のサンプルで必勝法と呼ぶのはおかしな話なのですね。

1日に1回のエントリーがあり1カ月に20回の売買をした結果、100万円を儲けたシステムなのだから本当の必勝法なんだ、と主張します。

統計学上、売買回数が十分に大きいときにおける売買の結果はかなり正確に予測することができます。

つまり、20回や30回の売買ではなく1000回の売買をした結果、とても儲かったので私の手法は必勝法だ、と言うのであればそのシステムは信じられるということです。

数年を通じて儲かるのであればそのシステムは信じられるということです。

◎大数の法則とは

「ひとつひとつの事象や短期間での一連の事象においては、どんなに不思議と思われることが起きても十分に大きな回数行われる事象においてはより理論上正確な予想値に収束していく」

というものです。

1000回の売買ではそのシステムが機能するかを予測することができますが、売買回数が数十回という少ないものについては、理論上の予想値との間にかなりの幅ができるのです。

この予測値との幅を「分散」と呼びます。

コインを投げて表が出るか裏が出るかを調べたときに20回の試行では表が15回出て、裏が5回しかでないということが起こります。

これはみなさんも想像できますよね。

しかし、試行回数を1000回にすると表が510回、裏が490回というようにほぼ50％になってきます。

試行回数が多ければ多いほど理論上の予想値に近づいてくるのですね。

自分で勝てるであろうシステムを構築した場合には数多くの検証をし、大数

の法則においても有効であることを調べる必要があるのですね。
　ここでちょっとギャンブルの話をしますね。
　ギャンブルで儲けるのは非常に難しいですよね。必勝法なんてないように感じますね。
　でも実際にはプロのギャンブラーがいてその人たちはギャンブルで生活をしています。
　ではその必勝法はなんなのか？
　そんなものは私たちにわかるわけがありませんよね。
　儲かる方法を教えるなんて普通では考えられません。
　そんなことをするのは私だけです（笑）
　必勝法はわからないけれど必敗法はわかるのです。

◎ギャンブルでより確実に負ける方法

　ギャンブルで、より確実に負ける方法をご紹介しましょう。

1) 長時間プレーする。一度に何点にも賭ける
2) 同じ金額を賭け続ける
3) 本命狙いにする
4) 実力の必要なゲームに挑戦する
5) 期待値の低いかけに賭ける
6) スピードの速いゲームに賭ける

　これがギャンブルにおける必敗法です。
　これらのうちで相場にもあてはまることがありますね。
　一番は実力の必要なゲームに挑戦するです。
　相場で儲けるためには実力が必要です。
　実力がないのに売買をするから負けるのです。
　この実力がないというのが一番重要なのですね。
　実力がないまま長時間プレーすれば負けるのは当たり前です。

実力がないままスピードの速いゲームをすれば失う金額も多くなります。

デイトレはスピードの速い売買です。実力がないトレーダーがデイトレをすればあっという間に資金がなくなりますね。

2）同じ金額を賭け続ける。

これも相場に当てはまりますね。

日経225先物の売買をしていて常に1枚しかエントリーしない方もいると思います。

でもこれを行っていては大きな利益は得られないのです。

リスクが低くリターンが高いと思われる場面でのエントリーは枚数を多くしなければならないのですね。

そのためにもマネーマネージメントが必要になるのですね。

しかし、リスクが低くリターンが高い場面がどんな場面なのかを知るためには実力が必要なのです。

まずはしっかりと勉強をしてバーチャルトレードを行い利益が出せるように実力をつけましょう。

③ トレードで生き残るには

◎相場日誌は必要不可欠

　相場の世界というところは、参加者全員が自分の利益を最大化するためにお金を持って集まってくる場所です。
　世のため、人のため、自分のためとありますが、相場の世界はとにかく自分のためだけにお金を持って、みんな集まってくるのです。
　相場という世界は、甘いお金の匂いがするのかもしれませんね。
　そんな自分のエゴ丸出しみたいな世界で生き残るためには、相場をビジネスとして考えなければいけません。
　相場を遊びとして考えていたり、一攫千金のギャンブルとして考えていたりすると、あっという間に資金を失います。
　例えば、セールスやプレゼンをする場合には、
　「Aというプランを提案しよう」
　「しかし、顧客のニーズが違っていた場合のためにB、Cというプランも持参して顧客のニーズに適したプランを提供できる体勢を整えておこう」
　ということを考えます。
　また、仕事ですから上司がいる場合には「営業報告書」や「計画書」なども書かないといけませんね。
　相場においても考え方は同じなんですね。
　今後のシナリオを複数考えて、上昇するならばこういう動きをするだろう。
　下落するならばこうならなければいけない、などを考えるのです。
　しかし、トレードというのは個人事業です。
　自分が社長で自分が社員です。プレイングマネージャーでなければならないのです。つまり、自分の上司なんていませんから「営業報告書」に代わる「相場日誌」を書かなくても誰も文句を言いませんよね。
　自分でさえ文句を言うことはないでしょう。
　でも、トレード終了後には、必ず記録を付けてほしいのです。

ブログに書くのでもいいし、ネット上の日記でもOKです。
　まずは何でもよいので記録を付けてください。
　そして記録を付ける習慣ができたら、しっかりと相場日誌を書いていただきたいのです。

◎相場日誌に記載する項目

　相場日誌に記載する項目は次のとおりです。

　トレード前に記載する情報
- ●シナリオ・プラン
- ●売買価格
- ●枚数（ラージか・miniか）
- ●目標価格
- ●損切りしてもよい価格

　そして、トレード終了後そのトレードについて詳しく記録してください。
- ●いくらで注文したのか？
- ●そのトレードで何を期待したのか？
- ●どうして返済したのか？　その理由。
- ●そのトレード中何が起きたのか？
- ●どうして勝ったのか？
- ●どうして負けたのか？
- ●トレード結果

　などなどいろいろ記録してください。
　分析・記録することにより自分の弱いところや強いところなどがわかります。
　また、相場日誌を何カ月も経ってから読み返すと、当時からどのように成長したのかもわかってきます。
　あのときはあんなことを考えていたんだな。それでは勝てるはずがない。当

時の考えと今の考えで同じ考えをする部分がある。そしてその考えのとおりに行動すると利益になる可能性が高い。
　こんなことも見えてきます。

トレーダーとしてできることは、自分をコントロールすることだけです。

　この本を読んでいる人、そして相場の世界に参加しようと思っている人は、平均以上の知性の持ち主だと思います。また、ある程度資金に余裕のある人だと思います。
　資金に余裕がなければ相場などできませんから。
　そして多くの人は自分の普段の生活環境に慣れていて、問題を解決する術もご存知でしょう。
　しかし、相場の世界では市場環境・相場中に起こる問題などを解決することは不可能です。
　相場はコントロールできないのです。
　相場は自分の思ったとおりにはならないのです。
　相場は相場の都合によって動くのです。
　ということは、今までの人生で経験した問題解決方法とは根本的に異なるアプローチが必要になるということです。
　例えば、ロスカットを設定するなどです。
　トレードにおいては自分をコントロールすることしかできないのです。
　相場の世界で生き残っていくためには、適切な自己管理以外ありません。

④ miniとラージ、どっちのチャートを見るの?

◎売買はmini、チャートはラージの理由

　私のブログに載せているチャートは日経225先物ラージのチャートです。

　しかし、売買をするのは日経225先物miniなのです。

　miniを売買しているのにどうしてラージのチャートを載せているのか疑問に思う方も多数いるようです。

　例えばエントリーするときに、直近の高値を上抜いたらエントリーすると決めたとします。

　直近の高値が9000円だった場合、ラージなら9010円が付いたらエントリーということになります。miniであれば9005円になりますね。

　しかし、miniで9005円が付いてもラージで9010円が付かないということもあります。

　こうなるとどっちのチャートを見ていいのかわからなくなってしまいますね。

　通常、私は日経225先物mini100枚での売買を行います。

　mini100枚であればラージ10枚と同じですね。

　でもラージ10枚ではなくmini100枚で売買するのです。

　それはなぜか？

　それはminiのほうがメリットがあるからです。

◎miniで売買するメリット、デメリット

　miniのメリットとは、以下にあげる2つです。

●呼値が5円刻みである

　ラージなら9010円でなければ買えないときでもminiなら9005円で買える場合があります。逆にロスカットする場合も同じです。5円有利なロスカットができる可能性があるのです。

この5円というのは長い目で見ると損益に大きな影響を与えることになります。

●枚数が多くなるので分割返済の自由度が上がる

　ラージであれば1枚しか売買できない資金でもminiであれば10枚の売買を行うことができます。10枚あれば十分に分割売買を行うことができます。
　ここまでも1枚での売買は難しいということを書いてきました。
　分割売買の場合でも残り1枚になると似たような状況になります。
　ただし、1枚になるまでには多くの利食いをしていますので精神的に全く違う状況ではあるのですが……
　では、miniのデメリットはなんでしょう。
　デメリットというのは手数料がラージに比べて高いということです。
　ラージ1枚の売買手数料とmini10枚の売買手数料を比べるとmini10枚の売買手数料のほうが高くなります。これがデメリットです。
　しかし、miniの場合のメリットで書きましたがラージよりも5円安く買えたり、5円高く売れたりすることが多いのです。
　この5円を加味するとラージよりもお得ということになります。

　チャートはラージを使う理由というのは10円刻みなので見やすいということがあります。
　5円刻みだと動きが激しく見え、ついつい見入ってしまいます。
　しかし、ラージのチャートであればゆっくりと見ることができるのです。
　だからチャートはラージのチャートを見ていますが売買はminiで行うのです。
　これは私の好みなので絶対にラージのチャートを見て売買しなければいけないということではありません。
　基本はラージ、miniどちらのチャートを見てもよいと思います。
　自分のやりやすいほう、見やすいほう、ストレスの少ないほうのチャートを使用すればいいのですね。

⑤ ナイトセッションへの対応

◎ナイトセッション延長により、分析しやすいチャートに

　日経225先物は日経平均の先物という位置づけですが、取引できる時間帯は日経平均が動いている日中とナイトセッションとに分かれます。

　ナイトセッションがイブニング・セッションと呼ばれていた頃は取引時間も短くイブニング・セッションでの値動きはほとんどありませんでした。それがナイトセッションに変わり取引時間が徐々に伸びてきたのです。それに伴い出来高も多くなり値動きも大きくなってきました。今ではCMEの動きとほぼ同じになっています。

　2013年1月現在、日経225先物の取引時間は日中については午前9時から午後3時15分まで、ナイトセッションは午後4時30分から翌日の午前3時10分までとなっています。

　以前はナイトセッションなどなく日中のみの取引でしたのでオーバーナイトをした場合、翌日大きなギャップになると損失が大きくなるリスクがありました。

　それがナイトセッション導入により取引時間が伸びたのでリスクを軽減することができるようになりました。

　多くのトレーダーがナイトセッションの取引時間が非常に長くなったことによりオーバーナイトがやりやすくなったと感じているのではないでしょうか。

　ナイトセッションがなかった頃は午後2時半過ぎにエントリーするのを躊躇する場面というのが多くありました。しかし、今では2時半過ぎにエントリーしてもナイトセッションにおいて利食いや損切りをすることができるためリスクを低くすることができ、安心してエントリーすることができます。

　値幅についてもナイトセッションが翌日の3時過ぎまで延長になったことにより大きな値幅になっています。

　日中の値幅が50円程度しかない日でもナイトセッションでは100円以上動くということもよくあります。

　また、ナイトセッションのチャートは流れがありとても綺麗なチャートにな

ってきています。

　綺麗なチャートというのは取引のやりやすいチャートということです。
　ただ、ここで注意していただきたいのは、綺麗というのは日中とナイトセッションの両方のデータを含めたチャートのことです。
　取引のやりやすいチャートと書きましたが、これは連続性のあるチャートと言い換えることもできます。
　大きなギャップがあると、どうしても価格が途切れてしまい、次の日の寄り付きで汚いチャートになってしまうのです。
　価格が途切れてギャップになると、移動平均線だけでも綺麗な流れではなく汚い動きになってきます。
　特に短い時間軸の移動平均線などは急角度で上昇したり下落したりしてほとんど機能しなくなってきます。
　これがナイトセッション延長により綺麗なチャートになっているのですね。
　ローソク足につながりができて、チャートに連続性ができて綺麗に見えるのです。
　この綺麗に見えるというのはとても重要なのです。綺麗に見えるということは支持線や抵抗線がよりわかりやすくなるということなのです。
　支持線や抵抗線がわかりやすくなれば当然、トレードがやりやすくなるのです。

◎どちらの支持抵抗を見ればいいのか

　ナイトセッションの支持抵抗と日中足のみの支持抵抗は価格が変わってくるのでどちらを見ればいいのでしょうか、という質問をよくいただきます。
　ナイトセッションの支持抵抗も日中において機能するのです。
　ですから日中でも日中の支持抵抗とナイトセッションの支持抵抗両方を意識することが必要です。
　ナイトセッションの取引をする場合にも同様に日中の支持抵抗とナイトセッションチャートの支持抵抗両方を見るということになります。
　日中のチャートでの支持抵抗とナイトセッションの支持抵抗が重なる場合が

出てきます。

　このように支持抵抗が重なるときというのは一方の支持抵抗の場合と比べて強い支持抵抗になってきますのでより意識してトレードができるのです。

　日中の支持抵抗だけを見るとか、ナイトセッションの支持抵抗だけを見ると決めつける必要なんてないのです。

　多くの人はどちらかひとつに決めなければならないと思い込んでいるのです。

　相場において「勝ちたい・勝ちたい」と強く思っている人というのは、「絶対にこうでなければならない」という気持ちが非常に強いのではないかと感じます。

　絶対にこれという確証みたいなものがほしいのかもしれませんね。

　そして、そのルールどおりに売買をすれば勝てるという法則を求めているのです。

　私は相場の原理原則に則り、ルールを決めて売買をしなければ利益を積み上げることはできないと言っていますが、ここで言う確証とは全く別のものなのです。

　これを矛盾と感じる方がいるのです。

　仕掛けるためのルールと、日中およびナイトセッション両方のチャートを見て判断するというのでは全く違うことなのです。

　明確にしなければならないのは、エントリーするための理由です。また、ロスカットをするための理由です。

　これらのことを判断するための材料は多くあったほうがいいでしょう。

　そしてその多くある材料の中から自分に合ったものを選べばいいのです。

　多くある材料をすべて使う必要はないのです。

　自分で納得がいき、自分の手法に合った理解しやすい情報を使えばいいのですね。

⑥ なぜデイトレードなのか

◎実力があれば勝ち続けることができる

　私は、日経225先物ではデイトレードをメイン行っています。
　なぜデイトレードをメインに行うのか？
　デイトレードの意義を考えてみましょうか。

1）金融リスクの中には、市場関連リスク、信用リスク、経営管理リスク、カントリーリスク、などさまざまなリスクがあります。また、中国やアメリカなど急に法律を変えたりするリーガルリスクなどもあります。
　このような金融リスクがある中でデイトレードの場合は「価格変動リスク」に特化できるというメリットがあります。
　当日に取引している会社が倒産するということはほとんどないでしょう。仮にあったとしても株価の動きに対応することが可能です。
　日経225先物は大地震などの自然災害があると急落したりします。これらのことにも即座に対応することが可能です。他の国が法律などを変えたとしてもデイトレードの場合には大きな影響を受けることはほとんどありません。
　金融リスクはすべて株価に表れるので株価が動いたらそれに対応すればいいだけなのですね。

2）売買をする当日の寄り付き時点で引けの株価を知ることができるでしょうか。
　できないですよね。
　では、明日の株価を知ることができるでしょうか。これも無理ですね。では1年後の株価はいかがでしょう。当然無理ですね。いついかなる時期の株価も私たちは知ることはできません。しかし、だいたいこの程度ではないかと考えることはできます。そう考えることができるのであれば、明日の株価と1年後の株価とではどちらの株価のほうが予測しやすいでしょうか。
　株価に限らず、世の中で起きる出来事を近未来と遠い未来で比べた場合どち

らのほうが予測しやすいでしょうか。当然、近未来のほうが遠い未来よりも予測が立てやすいと思います。遠い将来のことだと、さまざまな条件が加わり日々状況が変化していくので予測は困難になってきます。

このように遠い未来のことは予測することがほとんど不可能であるのにテレビや雑誌ではエコノミストの方々が次のように言っています。

「目先の動きを読むことはできないが1年後には円高になっているでしょう」。

明日のことすら予測することができないのに1年後のことがわかるわけがないのですね。1年後の予測をするより、今日の株価の動きを考えるほうが簡単なのですね。

3) 短期売買には、技術の差が大きく影響します。

年に2～3回だけトレードして上手くいっても、その人が上手いとは限りません。運でたまたま勝ったのかもしれません。

デイトレードの場合は、年に100回以上はエントリーをしますので5年10年と相場の世界で生き残っているとすれば運ではなく実力ということになります。

実力があれば勝ち続けることができるのがデイトレードなのです。

4) 短期売買には行動心理学でいう「所有効果」というものがほとんど影響しません。

「所有効果」とは、他人が持っているときにはあまり気にならなかったのだが、いざ自分が所有してみると急にすばらしいものに思えてくるということです。

ある物を所有することによりその物に対する価値観が高まるという心理的傾向のことです。中期や長期の投資においてはこの所有効果が影響してきます。何度も繰り返し売買をしている銘柄に対して愛着が生まれるということを経験している方も多いでしょう。

所有効果という意味では、「株主優待」や「配当金」というのも注意が必要です。すばらしい株主優待があったり、高配当な銘柄は含み損があっても持ち続ける傾向があります。

例えば、パナソニックの株を買って長く所有しているとパナソニックという

会社自体を好きになり、家の家電をパナソニックで揃えたりします。そうなると株価が下落しても売る気になれなくなります。パナソニックのファンになってしまうのです。
　しかし、デイトレードにおいてはこの所有効果の影響を受けることはまずありません。

5) デイトレードは長期トレードと比較すると、ON/OFFがはっきりしています。
　ON/OFFというのは相場に参加しているときと相場から離れているときという意味です。
　長期投資をしていると長い期間の旅行に行きたくなっても建玉を手仕舞いすることを躊躇してしまい、そのまま放置して旅行に行ったりします。しかし、デイトレードの場合でしたら、旅行期間中はトレードを休めばいいだけなのですね。
　相場に参加していなければ暴落があったとしても影響を受けることはありませんし、相場の動きを気にする必要もありません。

　手数料という面で考えると長期投資の場合はエントリー回数が限られますが、デイトレードの場合は多くのエントリーをすることになります。
　よって手数料の占める割合が多くなります。
　これはデメリットですね。しかし、昔と比べると今の手数料は非常に安くなっていますので、さほど気にすることもなくなってきています。
　他にもデメリットがあります。
　それは、日足をベースにして相場の方向を見ていて上昇傾向にあると判断しても当日の株価は下落する場合があります。長い時間軸での動きがわかっていても短期の流れが読めずに損失を被ることがあるのです。
　これについては技術で補うしかありません。つまり、デイトレードというのは技術の差が顕著に表れるのです。そして技術がなければ、あっという間に自分の資金がなくなります。
　技術があればこんなことはないのでデメリットと言っていいのかどうかは微妙ですけどね。

第8章

幸せなお金持ちになるために

① 情報量と人間の判断力との関係について

◎情報が多すぎると、人間の思考回路は上手く働かなくなる

　過去のニューズウィーク日本版に次のような記事が掲載されていました。

　テンプル大学神経意思決定センターのアンジェリカ・ディモカ所長は、情報過多が人間を不安にすることは心理的なものというより生物学的な現象だと言います。
　アンジェリカ・ディモカ所長は、これを証明するために次のような実験をしました。
　実験の間、脳の活動をMRIで調べた結果、情報負荷が高まるに従い「背外側前頭皮質」の活動が活発になることがわかりました。
　「背外側前頭皮質」は意思決定と感情の制御をつかさどる部分です。
　しかし情報量が増え続けるとまるでブレーカーが落ちるように「背外側前頭皮質」の活動はストップし、賢い意思決定が出来なくなりつまらない間違いや選択を誤るようになります。
　そして感情の抑制もできなくなりイライラや不安が急激に高まります。
　「情報が多すぎると人間の判断は合理性を失っていく」とディモカ所長は指摘しています。
　情報が多すぎると、人間の思考回路は上手く働かないことをディモカの研究は示しました。

●判断力と情報量は反比例する

　情報の伝達方法が多様化し、伝達の頻度も増えるにつれて、大量の情報を吸収しようとすると脳の認識作用が麻痺することが明らかになってきました。
　なかでも明らかに打撃を受けるのが、正しい決断をする能力です。

●判断力を麻痺させる

　情報が入ってくると、人間はそれを目先の意思決定で考慮に入れるか否かの取捨選択を迫られます。ところが情報が多すぎると、選択を放棄してしまうのです。

●満足度が著しく低下する

　情報の洪水を乗り越えてどうにか決意を固めた人でも、その決断を何度も振り返ることが多いのです。情報が多いほど、排除した選択肢を後悔する傾向が高まります。
　大学生の就職活動を分析したところ次のようなことがわかりました。
　情報源や情報の種類（企業、業界、所在地、給料、福利厚生、企業文化など）が増えるほど自分が下した決断への満足度は低くなります。
　あまりに多くの情報を得ていたため、選ばなかった仕事のほうがよかったかも知れないと思う理由が次々と浮かぶのです。
　情報過多では、自分の決断を後悔することが普通になっていくのです。

●脳は、情報の質より新しさを重視する

　脳は静止状態よりも変化を敏感に察知します。
　例えば、あなたのスマートフォンのトップ画面に新着メールが来ていることが表示されたらそれは変化です。
　私たちは意思決定のメカニズムにおいて、より重要なものや興味深いものよりも最新のものを重視します。
　つまり意思決定には強力な最新性効果があるのです。
　最新の情報に大いに注目し、それ以前の情報を軽視するのです。
　例えば、1時間に30のペースで情報を受け取ると、そのほとんどは印象が薄れるが29番目と30番目の情報は桁外れに重要に思えてきます。
　「私たちは即時性と量が質だと勘違いするのです」。

● **無意識は意外に重要である**

　あまり細かく考えないほうが、創造的な意思決定につながりやすいのです。そのためシャワーを浴びているときに創造的な考えがひらめく可能性はありますがデータの洪水を浴びているときは創造的な考えがひらめく可能性は非常に低いのです。

　常に情報が入ってくる状態では、追加の情報を使って創造的な飛躍や賢明な判断をすることはできないのです。

　情報の流れをいったん止めて、小休止する必要があるのです。

　そうすれば脳は、無意識に新たな情報と既存の知識を統合して新しい結びつきを生み出し、隠れたパターンを見つけるでしょう。

　ある実験では、ビジネススクールに通う学生に株式ポートフォリオを選ばせました。

　その際2つのグループに分け、一方にはアナリスト、金融メディアからの情報を大量に与え、もう一方には株価の変動だけを見せました。

　大量に情報を与えられたグループは分析能力が麻痺して噂や情報に振り回されたのです。

　もう一方のグループは、情報漬けのグループの2倍の見返りを手に入れたのです。

　過剰な情報に決断をゆがめられないようにするにはどうしたらいいのでしょうか。

　決断するため複雑な情報を大量に評価する必要がある場合は、決断するため系統立てて意識的にやるのが一番だと思ってはならないのです。

　まずは優先順位を決めましょう。

　選択基準が数えるほどならそれらの基準に意識的に注目することです。

　余計な情報を無視するのです。

　こうした人は、「ほどほど型」で、テレビを見ていてもチャンネルを変えていて気に入った番組があればチャンネルを変えるのをやめます。

　一方「とことん型」は、チャンネルを変え続けて情報をむさぼります。

　そのため、なかなか決断できず、先に進むことができないのです。

そう聞いて心当たりがある人は、スマートフォンのスイッチを切るのが一番かもしれませんね。

　この記事を読んでどのように感じられたでしょうか。
　相場に当てはめて考えてみると次にようになります。

◎数えるほどの基準があればいい
　相場において必要な基準をもって売買をするということは、ピーク・ボトムの関係、価格と移動平均線の関係、移動平均線とオシレータの関係を基準にトレンドを特定し反トレンドの動きを待って、実際価格が動いて仕掛けをするだけなのです。
　その他の余計な情報は無視し、価格の動きだけに集中するのです。
　エントリーするまでの具体的な流れをおさらいしてみましょう。

●トレンドを確認する
　　　　↓
●調整を待つ
　　　　↓
●実際に価格がトレンド方向に動いてトリガーが引かれる
　　　　↓
●テクニカルなんていい加減で信用ならないので最初にロスカットを設定する。
　　　　↓
●上手くいけば大儲けとなる。
　　　　↓
●上手くいかなければロスカットにかかるだけ。
　　　　↓
●思惑どおりに動いたら分割売買で機械的に利食いする。
　　　　↓
●分割利食いの最後の建玉はトレイリングストップで引っ張れるだけ引っ張る。

これが基本です。
　この基本だけをマスターすれば相場の世界で生き残っていくことが可能となります。
　そして基本をマスターした後は、さらに利益を大きくするために応用の勉強をすればいいのです。
　まずはしっかりと基本をマスターすることだけに集中してくださいね。

② 「損切り＝負け」の固定観念を捨てる

◎勝率は高いけれどトータルではマイナス？

　相場に参加する目的はトレードをして利益を得ることです。

　自分の資金を増やすためにトレードを行っているのですね。

　なかには資金を増やすためではなく、相場に参加することによるドキドキ感やワクワク感を求めている人もいます。

　でも、この本を読んでいる多くの方は、相場で利益を上げたい。その利益で自分の夢を叶えたい、などと考えているのではないでしょうか。

　と、言うことは相場で勝ちたいということですよね。

　負けたくない、勝ちたい、儲けたい、と思っているのでしょう。

　以前、相場塾のオフ会に参加したときに次のような質問を受けました。

　「ついてる仙人さんは、相場で負けるのは嫌ではないのですか？」。

　最初はどのような意味の質問なのだろうと考えてしまいましたが、よくよく話を聞いているとエントリーしたすべてのトレードにおいて負けるのが嫌だというのです。

　エントリーするからにはすべての売買で利益を上げたい。

　損切りをすると利益を上げることができずに損失が確定するので嫌いだと言うのです。

　損切りも我慢していれば、反転し利益になることが多いのでなるべく損切りをしないようにしているのだそうです。

　この方にとっての損切りというのは負けなのです。

損切り＝負け

　このような公式が頭の中にあり、負けると悔しくてどうしようもなくなると言うのです。

　今までのトレードの成績を聞いてみるととても高い勝率なのです。

しかし、1年を通じての損益を聞くとマイナスになっているのです。
　勝率は高いけれどトータルでマイナスになるということは、利小損大でのトレードを行っているということになります。
　これでは資金を増やすことはできません。
　相場に勝率100％はあり得ないのです。
　いくら勝率100％を目指してもそれは無理なことなのですね。
　相場で勝つためには損切りをしないという方法もいいでしょう。
　しかし、相場で利益を上げ続けるためには損切りは絶対必要なものなのです。

損切り＝負け

ではなく、

損切り＝勝つために必要なこと

なのです。
　1回のトレードにおいて利益になったら勝ち、損失になったら負けと考えるから損切りをためらってしまうのです。

　次にあげる2人のトレーダーの成績を考えてください。

1年間トレードを行った結果
　勝率90％だったAさん
　勝率50％だったBさん

　この2人のうちどちらの成績が良いでしょう。
　年間の勝率が90％なんて神業に近いですよね。
　当然Aさんの成績のほうが良いと考える人もいます。
　成績というのは勝率なのでしょうか。それとも損益なのでしょうか。

学校の勉強であれば正解数の多いことイコール成績が良いと言えます。

相場においての成績とは勝率ではなく損益です。

それも1回のトレードにおける損益が高い人ではなく年間を通じた損益がよりプラスになっている人を成績が良いというのですね。

Aさんは、勝率90％でも10％の負けトレードの損失が非常に大きく年間通じての損益は大きくマイナス。

Bさんは、勝率50％でも勝ちトレードの利益が負けトレードの損失を大きく上回り年間通じての損益は大きくプラス。

このようになると、Bさんの勝ちということになります。

相場においては通常の勝ち負けの概念を変えていく必要があります。

1回の負け（マイナス損益）を排除することを考えるのではなく長い期間でのトータル損益をプラスにすることを考えていかなければならないのです。

1回1回の売買で私たちが行わなければならないことは正しい売買をするということです。

間違った売買は絶対に避けなければなりません。

◎大切なのは正しい売買を100％行うこと

正しい売買、間違った売買と損益の関係は次のようになります。

- 正しい売買で、利益になった。
- 正しい売買で、損失になった。

- 間違った売買で、利益になった。
- 間違った売買で、損失になった。

1回の売買において利益か損失かで答えを求めると、

- 正しい売買で、利益になった。
- 間違った売買で、利益になった。

この2つが正解になります。

利益＝正解
損失＝不正解

ということです。
しかし、この考えでは勝率90％でも破産する可能性があるのです。
この考えで相場を行っている限り勝率100％を求めるようになるのです。
そして、決して抜け出せない相場の迷路へと迷い込み聖杯を求めてさまよい続けるのです。
長い期間での損益をプラスにすることを判断材料にすれば、

正しい売買＝正解
間違った売買＝不正解

となります。
正しい売買で利益になるのはもちろん、正しい売買で損失になるのも正解なのです。
私たちは正しい売買を淡々と繰り返していけばいいのです。
勝率100％を達成することは不可能ですが、正しい売買を行うことを100％にすることは可能です。
そしてそれが私たちの資金を増やす最短で最速の道なのです。

③ 仕事は誰のためにするのか?

◎大切な人のために相場を楽しむ

　働くのは自分のため。もっとお金持ちになって楽な生活をしたい、という人もいるかもしれません。

　しかし、人というのは、自分のためには、そんなにがんばることができないのですね。

　大切な人が病気になったときに、御百度参りをする人がいますが、これだって自分のためにはできないのだけれど大切な家族のためにならがんばれるのですね。

　母親は大切な我が子を育てるためであればどんなに辛いことでも耐えることができます。

　また、人は褒められるとがんばることができます。

　「あなたはすごいね。本当に相場に向いているよ」なんて言われるとその気になって何時間でもチャート分析をしたりしちゃうんですよね。

　「すごいね」「ありがとう」という言葉をもらえるとそれはがんばるエネルギーになるんです。

　この言葉をもらうともっともっと人を喜ばせたいと思うようになり一生懸命に勉強をしてみんなに役立つことを考えるようになります。

　ブログを読んでいただいた方からメールをいただくことがあります。そのメールに「ありがとうございます」なんて書かれた日にはもっともっとみなさんに役立つ内容のブログにしようと思っちゃうんですよ。

　昨年末のブログのコメントを繰り返し読むと嬉しくて涙が出てきます。

　今年はさらに役立つブログにしようと思うのです。

　これは私だけが特別にそう感じるわけではありません。

　人はみんな、人のためにがんばることの楽しさを知っているんです。

　だから自分のためにがんばれないことでも、子供のため、親のため、家族のためと思ったらがんばれちゃうんですよね。

相場で儲けたお金で家族に楽をしてもらいたい。家族を幸せにしたいと思うと相場がより楽しくなってきます。
　自然とがんばることができるようになっちゃいます。
　チャートを見るのが楽しくて楽しくてたまらなくなってきちゃうんですね。
　大切な人のために相場を楽しみましょう。

④ 楽しくなければ仕事ではない

◎どんな仕事でも楽しくなる方法

「仕事はつまらない。」
「仕事は辛いけど生活のためにはやらなくてはならないんだよな。」
「仕事はできればやりたくない。遊んで暮らしたい。」
こんな言葉を聞くことがあります。
でも私は仕事って楽しいものだと思うのです。
仕事が辛いと思ったことってないのです。
もし、仕事が辛いと思っているのであれば、その人はその仕事に向いていないのかもしれません。
今やっている仕事を楽しいと感じられるのであれば、今の仕事はその人に向いている仕事なのだと思います。
楽しいと感じられないということは嫌いなことなのかもしれません。
嫌いだと思うことをやり続ける必要はないのですね。
例えば、学者になりたいと思っている人は数学とか物理とかが必要になります。自分がなりたいと思っているとそれらの勉強は辛くないのです。自分が楽しくなる目標を達成するためにすることなので楽しくて仕方ないのです。
医者になりたいと思っている人はインターン時代にどんなに大変で安い給料で働いていても楽しくてしようがないのです。
このように感じている人はその職業を選択するべきなんです。
でも、やっていて本当に嫌だ、辛いと感じるのであればさっさと違う仕事を選んじゃえばいいのです。
すぐにでも転職しちゃったほうがいいと思います。
だって、そのほうが楽しいじゃないですか。
でも、ちょっと待ってください。
実はどんな仕事でも楽しくなる方法というのがあるのです。
その方法というのはとても簡単なのです。

●真剣にやる

　これだけです。なんでも真剣にやれば楽しくなるんです。
　それを楽しくなるまで真剣にやらないから楽しくならないのです。
　真剣にやらなければTVゲームでも鬼ごっこでも楽しくないでしょ。
　遊びだって真剣にやるから楽しいのであって、楽しいから真剣になるんですよね。
　楽しいから一生懸命やるのではなくて、一生懸命に真剣にやるから楽しくなるんです。
　株式投資をやっていて、
　「つまらないなぁ」とか「楽しくないなぁ」
　と言っている人はもしかしたら、株式投資というのは簡単に楽にお金が儲かると思っていて真剣に勉強をしたことがないのかもしれません。
　真剣に株式投資をしていると、夜チャートを見ながら面白くてニヤニヤしちゃうようになります。
　チャートを見ているだけで楽しくて楽しくて仕方がなくなるのです。
　私にとって株式投資は仕事です。
　そして仕事なんだけど子供がハマるゲームと同じなんです。
　仕事も人生もゲームみたいに楽しんじゃえばいいんです。
　ゲームだからこそ高得点を出そうと一生懸命になるし楽しいんです。
　株式投資は10万円を100万円にするゲーム。
　100万円を1000万円にするゲームなんです。
　1000万円を1億円にするゲームなんです。
　お客様相手の仕事は、自分の目の前にいるお客さんを喜ばせるゲームなんです。
　どれだけ多くのお客さんを喜ばすことができるかを楽しむゲームなんです。
　そしてお客さんを喜ばせたりするのに頭をフル回転させます。
　でも、頭を使うのには1円のお金もかからないのですね。
　これって最高でしょ。

⑤ すべては今始まる。そして運が始まる

◎「終わり」はすべて「始まり」

　人は誰もが一生懸命にやってきたことが終わってしまうと寂しいと感じます。
　それは仕事であったり、人間関係の終わりであったりといろいろでしょう。
　しかし、それが終わったからといって寂しがったり悲しがったりしていても仕方ないのです。
　「終わり」は同時に、また別の新たな「始まり」でもあるのです。
　人生は常に「始まり」という気持ちを持って生きていると「終わり」というものはやってきません。
　「始まり」は楽しいものなのです。これから先に何が起こるのだろうと考えワクワクするのです。
　やったことないことをたくさんできる。あれにもこれにも挑戦することができると思うと楽しくてしょうがないのです。
　よく晴れた朝というのは、多くの人が気持ち良いと感じるでしょう。
　それは朝というのが一日の始まりだからです。
　物事が終わった瞬間に、一旦元に戻ったんだと考えるのです。
　終わってしまえばそれまでのプラスもマイナスもすべて関係なくなります。
　また始まりになるのですから、終わったことは忘れて元に戻せばいいだけです。
　「終わり」はすべて「始まり」と思えばいつも新しい気持ちでいられるのです。
　「始まり」と「終わり」があるのはこの世の中で人間だけです。
　自然界には終わりがありません。
　変化していく流れが続いていくだけなのです。
　その絶え間ない流れには「始まり」も「終わり」も存在しません。
　人間がその流れの中にある場所を取って「始まり」を始めます。
　「始まり」はいつでも誰でもが自由に決めることができるのです。
　いつでも「始まり」にすることができるのです。

今、始めようと思えば今この時が「始まり」になるのです。
　この本を読み終わったこの瞬間を「始まり」にすることができるのです。
　人間界においては何事にも終わりがあります。
　でも、終わったからといって落ち込んでいたり失望したりするのではなく、その瞬間から別のことが始まると思えばそれだけで楽しくなるのです。
　何にでもいつでも「始まり」という意義をもつことによって、人生を楽しい方向へと変えていくことができるのです。
　今この瞬間があなたの新たな始まりです。
　希望という名の扉を開けるのはあなたです。

終わりに

　最後までお読みいただきありがとうございます。
　あなたの心の栄養になることができたでしょうか。
　もし、少しでも心の栄養になることができたとしたらとても嬉しいのです。
　心が栄養でいっぱいになると、毎日の生活も楽しくなります。
　人生においても相場においてもストレスフリーになります。
　私はブログの中でも幸せに生きる方法を提案しています。ストレスフリートレード、ストレスフリーライフに興味のある方は是非ブログを訪れてみてください。
　ブログアドレスは下記になります。

http://tuiterusennin.blog109.fc2.com/

　GoogleやYahoo等の検索エンジンで「ついてる仙人」と入力していただくと最初に私のブログが出てきます。

　また、私たちの運営している株式会社DREAM-CATCHERでは株式投資の楽しさを知っていただき株式投資で生計を立てていただけるようになっていただくために相場塾を開講しています。
　今回の著書にも前回同様、相場塾のノウハウを提供させていただいています。
　本書でも私たち3人のノウハウを惜しみなく公開させていただきました。
　ご興味のある方は、株式投資DREAM-CATCHERのホームページをご覧ください。
　本書をご購入いただいた方へのプレゼント「分割売買計算表ファイル」「2013年1月2週の売買譜」も下記サイトよりダウンロードしていただけます。
　また、書籍の図はモノクロのため見づらい部分があると思います。特典をお

申込みいただいた方には書籍に載っているすべての図をフルカラーでダウンロードしていただけるようになっています。
　ぜひお申込みください。

http://nk225.info/lesson/

　私は「ありがとう」という言葉が大好きです。
　「ありがとう」という言葉の意味をご存知でしょうか。
　漢字で書くと「有り難う」になります。
　有ることが難しいということなのです。
　普通では有り得ないことという意味なのです。
　多くの書籍の中からこの1冊を選んでいただいたということは普通に考えると有り難い（有り得ない）ことなのです。
　有り得ないことが実際に起こったのですから、この本を最後まで読んでいただいたあなたに有り難うと言わせてください。
　この本をお読みいただき本当に有り難うございます。
　ここに書かれていることがひとつでもみなさんのトレードのお役に立てることがあればとても嬉しく思います。そして、少しでも心の栄養になっていただけたら最高に嬉しいのです。
　この本に書かれていることを実践しても利益を得られない可能性もあります。
　でも、今まで投資で損失を出していた方は損失が少なくなっていくことを体験していただけると思います。
　投資という素晴らしい世界から退場だけはしてほしくない。
　いつまでも夢を追い続けていただきたいと思います。
　今後も書籍やブログを通じ、多くの方に喜んでいただける情報をお伝えしていきたいと思います。
　私は私の周りの方が喜んでいただけることを自分の喜びだと感じます。
　そして周りの方々に今よりももっと幸せになっていただきたいのです。
　自分が幸せになる方法は自分の周りの人を幸せにすることです。

周りの人がどんどん幸せになると、自分のそばには不幸な人がいなくなっていきます。
　不幸な人がいなくなってくると幸せな人がどんどんと増えていきます。
　そして幸せの輪が広がっていき、より多くの幸せな人が集まってくるようになります。
　そうなると自分の周りには不幸な人はいなくなり幸せな人だけになります。
　周りに幸せな人しかいなければ自分が不幸になることはできません。
　自然と自分も幸せになるのです。
　このような生き方が一番幸せな生き方なのだと思います。
　是非、みんなで幸せの輪を広げていきましょう。
　相場というものは不幸になるために存在しているのではなく幸せになるために存在しているのです。
　この本を読み終えたあなたの幸せになれた顔を想像しながらペンを置かせて頂きます。(本当はペンではなくキーボードなんですけどね。笑)
　有り難うございました。
　感謝いたします。

　　　　　　　　　　　　　　2013年　幸福月　ついてる日
　　　　　　　　　　　　　　ついてる仙人 (金子 稔)

著者略歴

ついてる仙人

個人投資家から絶大な支持を得る「相場塾」を主宰。ブログで日経225先物の売買記録を随時公表するとともに、今後の株価の動きの予測やその日の売買のタイミングなどを情報発信し、好評を得ている。テクニカル分析に定評がある。著書に『株・日経225先物 勝利の2パターンチャート方程式』、『日経225先物 ストレスフリーデイトレ勝利の方程式』『幸せなお金持ちになるための 株・日経225先物 儲ける「勝脳」の鍛え方』(アールズ出版) がある。

金子 稔

法政大学卒業後、大好きなバイクと過ごしたくてバイク屋に就職する。
28歳　独立し逆輸入車および中古車販売で業績を伸ばす。
38歳　難病の天疱瘡を患う
40歳　悪性リンパ腫を患い余命半年を告知される。
42歳　事業を譲りセミリタイア
44歳　スローライフを求め長野県に移住
　　　株式会社DREAM-CATCHERで相場塾を開講
　　　今に至る

幸せなお金持ちになるための
日経225先物　必勝トレード術

2013年3月27日　初版第1刷発行
2014年5月24日　初版第4刷発行

著　者　ついてる仙人

装　幀　藤瀬和敏

発行者　森　弘毅

発行所　株式会社 アールズ出版
　　　　東京都文京区本郷1-33-6 ヘミニスⅡビル 〒113-0033
　　　　TEL 03-5805-1781　　FAX 03-5805-1780
　　　　http://www.rs-shuppan.co.jp

印刷・製本　中央精版印刷株式会社

©Tsuiteru Sennin, 2013, Printed in Japan
ISBN978-4-86204-245-3 C0033

乱丁・落丁本は、ご面倒ですが小社営業部宛お送り下さい。送料小社負担にてお取替えいたします。